COMMERCIAL SPACES

Autor

Carles Broto

Editor

Arian Mostaedi & Josep Mª Minguet

Director Editorial

Arian Mostaedi

Asesor

Eduard Broto, Doctor Arquitecto

Editorial team

Layout Design: Fernando Graells
Text: Maria Ribas
Editorial Coordinator: Cristina Soler

Fotografías

Christian Kerez (Zelo Hairdresser), Laurence Yu (Felix Restaurant), Timothy Hursley (Law Offices of Bruce S. Harvey), Hans-Jürgen Commerell (Gallery Aedes East), Florian Monheim y Lisa Hammel (Architectural Studio), Paul Warchol (Storefront for Art & Architecture), Philippe Rualt (Galeries Lafayette/Euralille Centre Commercial), Jocelyne Van Den Bossche (Leipzig Neue Messe Glass Halls), H. G. Esch (Bismarckstrasse 101), Peter Aaron/Esto Photographics (Hertz Customer Service Facility), Paul Warchol (Time Out New York), Tomas Riehle/CONTUR (Café Cult/Rosena-potheke), C. Kicherer (Belgo Centraal), Kozo Takayama (Pachinko Parlor III), Angelo Kaunat (Atelier Mimesis), Patrick Genard (Quars Megastore), Tessa Robins (Menswear Shop & Starkmann's Office), Matt Wargo (Exxon Gas Station for Disney World), Peter Aaron/Esto Photographics (Giorgio Armani), Sergio Calatroni (Copy Center), Bill Timmerman (Riddell Advertising and Design), Richard Glover (Jigsaw), Margheritta Spiluttini (Supermarket Merkur), Luís Ferreira Alves (Clérigos Art Gallery), Philippe Rualt (Commercial Centre)

© Copyright: Carles Broto i Comerma
Ausias Marc 20, 4-2
08010 BARCELONA
Tel.: 34-93-301 21 99   Fax: 34-93-302 67 97
All laguages (except Spanish)

© Copyright: Instituto Monsa de Ediciones.
Gravina, 43
08930 Sant Adrià del Besos, BARCELONA
Tel.: 34-93-381 00 50   Fax: 34-93-381 00 93
Idioma español

ISBN: 84-86426-61-8
ISBN obra completa: 84-86426-53-7
Depósito legal: B-14024/99

Fotomecánica: Oslai
Impreso por I.G.F.O.S.A.
Papel C. Burgo R-400 CHORUS BRILLO 2/c de 150 grs.

COMMERCIAL SPACES

INTRODUCTION

In the design of commercial spaces it is necessary to take into account not only the different types of activities that will be carried out in them but also the different locations, functions and environments that they require. Nevertheless, an essential element in all commercial premises is a basic infrastructure that provides an efficient working environment and facilities that ensure an excellent service to customers.

In recent years the typology of commercial space has developed considerably, above all due to the appearance in cities of a large number of shopping centres based on the influence of the American model. The proliferation of these centres has gone hand in hand with new ways of understanding sales premises. This can be seen in the internal spatial divisions (which were previously far more schematic and conventional), the systematic use of light and colour as integral elements of the architecture, the use of prefabricated materials, and the widespread tendency to use transparent spaces with few separations.

In order to give a representative vision of the most innovative creations of recent years, we have tried as far as possible to show the great diversity of commercial spaces and their almost infinite decorative possibilities in order to provide a graphic guide to current and future tendencies in the design of interiors for attention to the public.

Furthermore, we have made a considerable effort to show not only the overall design of each project but also the most characteristic details of the construction, which in some cases forms an essential part of the character of the work. We therefore present all kinds of graphic material, including photographs, plans, elevations, axonometric views and sketches, accompanied by a description of the work as it was conceived by the architect.

El concepto de espacio comercial no sólo incluye áreas destinadas a muy diferentes tipos de actividades, sino también localizaciones, funciones y entornos igualmente dispares. Sin embargo, todos ellos deberían de contar con una infraestructura básica suficiente: un entorno laboral eficiente e instalaciones que garanticen una óptima atención al cliente.

En los últimos años la tipología del espacio comercial ha sufrido un considerable desarrollo, a raíz sobre todo de la aparición en nuestras ciudades de gran cantidad de galerías comerciales, inspiradas en una forma de instalación comercial ampliamente difundida, procedente sobre todo del área de influencia norteamericana. La proliferación de estos nuevos comercios ha venido acompañada además de nuevas formas de entender el espacio destinado a ventas, las divisiones espaciales internas (que antes eran mucho más esquemáticas y convencionales) , el uso sistemático de la luz y el color como un elemento más de la arquitectura, la utilización de materiales prefabricados y una tendencia muy extendida al uso de los espacios diáfanos o escasamente seccionados.

Para dar una visión representativa de lo más innovador entre las creaciones de los últimos años, se ha buscado, en la medida de los posible, mostrar la gran diversidad de espacios comerciales y sus casi infinitas posibilidades decorativas para comprender de una forma gráfica y asequible la evolución y hacia dónde se encaminan las últimas tendencias del diseño en los interiores públicos.

Además, hemos hecho un esfuerzo muy considerable para mostrar cada uno de los proyectos no solo en su aspecto global como diseño de conjunto, sino también en sus detalles constructivos más característicos ,que en algunos casos son fundamentales para conformar el carácter de la obra, apoyándonos para ello en toda clase de material gráfico: fotografías, planimetrías (planos, alzados, axonometrías, bosquejos), acompañada además de una descripción de la obra según la ha concebido el arquitecto.

J. GREGO & J. SMOLENICKY

Zelo Hairdresser (Zurich, Switzerland) 1993

Out of the mellow grey of the sandstone facades the coloured room glows. This relationship of colour between town and shop intensifies both parts. This visual charm, and the effect of advertising which is linked with it, is the real essence of the project. Its simple colourfulness is intended to achieve a similar effect to the enormous illuminated hoardings which cast a spell over the town at night.

In this instance, however, the advertisement has not been pasted on. The room itself is an advertisement and in fact the kind of advertisement which was created with spatial means. Inside the room there is an artificial tension. So much of what our daily spatial reality is made up of is missing. Everything that could compete with the effect of colour has been extracted from the reality. Apart from the necessary seating there is no reference to human proportions. In this room there are no shapes, no materials which would allow volume perception. There are no details. The spatial effect is withdrawn by the emphasis of the surfaces.

The result is the effect of a two-dimensional room as in a hyper-realistically reconstructed comic, or as if one had entered the synthetic world of a video image. All that remains of the usual reality is a wafer-thin surface. The room consists of colour and light. The diminution of spatial reality is not intended to be abstract but rather elementary in order to be able to reach the essential power of the colour. In spite of its extensive diminution, the intervention is not an installation but continues to be committed to everyday use.

The main intention was to set the direct expression of the colourfulness against surroundings dominated by shades of grey.

Entre las opacas fachadas de arenisca destaca este coloreado espacio. La relación que se establece entre la ciudad y la tienda intensifica ambas partes. El calor visual y su efecto de reclamo son la esencia del proyecto. Este sencillo colorido pretende lograr un efecto similar al de los enormes paneles iluminados que proyectan su hechizo en la ciudad de noche.

En este caso, sin embargo, el reclamo no va más allá. El espacio en sí mismo es como un anuncio y de hecho, es el tipo de reclamo creado con medios espaciales. En el ambiente hay una tensión artificial. Se ha perdido todo lo que constituye una realidad espacial diaria. Todo lo que podía competir con el efecto de color se ha extraído de la realidad. Aparte de los asientos necesarios, no hay ninguna referencia a las proporciones humanas. En este recinto no hay formas ni materiales que faciliten la percepción del volumen. No hay detalles; el efecto espacial queda desdibujado por el énfasis dado a las superficies.

Como resultado se crea el efecto de una estancia bidimensional, como en un cómic hiperrealista, o como si se accediese al mundo sintético de una imagen de vídeo. Todo lo que recuerda la realidad cotidiana es una fina superficie. La habitación es sólo color y luz. La ausencia de realidad espacial no pretende ser abstracta, pero sí elemental, a fin de alcanzar el poder esencial del color. A pesar de su minimalismo excesivo, la intervención no es una instalación fugaz puesto que se ha diseñado para el uso cotidiano.

La intención básica era la de primar la utilización del color para resaltar el espacio en su entorno, dominado por las sombras del gris.

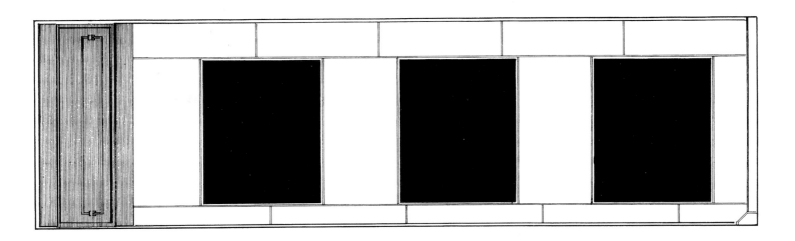

Interior elevations / *Alzados interiores*

The shop is designed as a direct expression of colour in contrast to the dark and grey surroundings.

El local pretende convertirse en expresión directa del colorido en contraposición con un entorno dominado por el gris y las sombras.

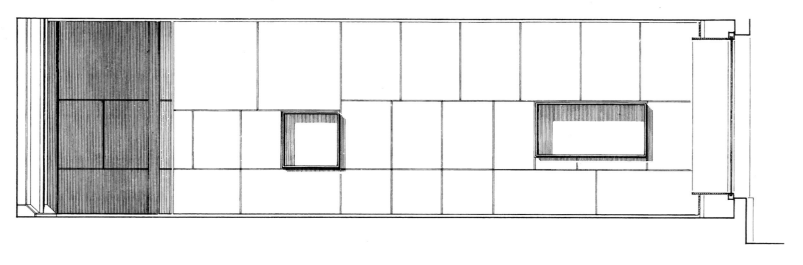

0   0,5   1   2

11

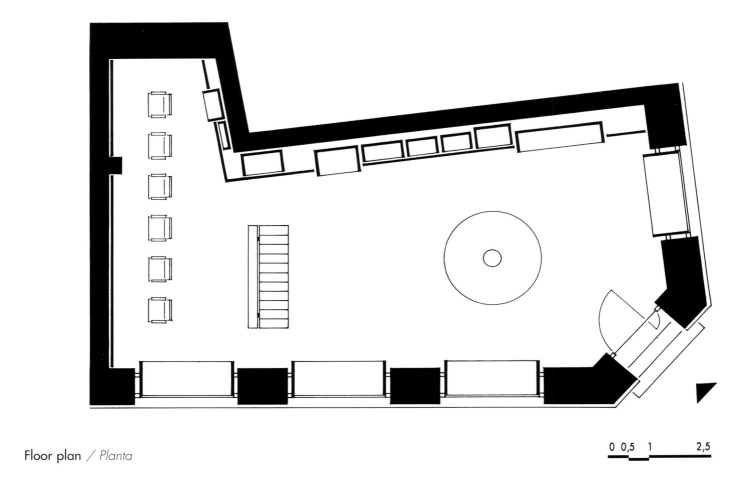

Floor plan / *Planta*

0 0,5 1   2,5

The elements used daily have been reduced to a minimum expression in order to create a neutral interior to highlight the powerful use of colour.

Los elementos de uso cotidiano se han reducido a la mínima expresión con tal de conseguir un interior neutro en el que destaque por encima de todo el poder del color.

Except for the necessary chairs, nothing suggests the functional nature of the elements of which the shop is made up or relates them to human proportions.

Exceptuando las sillas, por otro lado necesarias, no hay ningun elemento que sugiera la funcionalidad de los elementos que conforman el local y los relacione con las proporciones humanas.

15

Philippe STARCK

Felix Restaurant (Kowloon, Hong Kong) 1994

Designed by the renowned French architect-designer-inventor Philippe Starck, the innovative Felix restaurant is a unique and exciting experience. Two custom-made express elevators transport customers from the lobby to the 28th floor of The Peninsula's new tower, to a world of spectacular views, a fun, friendly atmosphere and "Euro-Asian" cuisine.

The uniqueness of Felix is in its combination of different environments -- the main mahogany-clad restaurant, together with two "snails" (bucket-shaped areas built around spiral staircases) where aluminium walls and zinc cylinders contain The Balcony, The Wine Bar, The American Bar and The Crazy Box (discotheque). The thought-provoking and exuberant work of Philippe Starck is all around - even the table settings are enhanced with various accent pieces, such as the Starck cheese grater and corkscrew.

The primary focus of the main Restaurant is The Long Table, located in the far centre of the room in front of the kitchen. The table surface serves a double function, as with the addition of a Philippe Starck-designed cover it can be transformed into a catwalk for fashion shows or exhibitions.

The Wine Bar has been designed as a small pre-dinner gathering place for guests to enjoy a drink before proceeding to the restaurant. The Balcony's "iceberg" decor, with aluminium chairs and glass floor, with soft lighting from Starck's O'Kelvin candle lamps, sets the perfect mood for sampling various types of food. The Crazy Box area of Felix offers dance music aimed mainly at a more mature audience. For guests not wanting to dance, or simply resting, there are crystal stools spaced through the disco, and a unique feature is the "footprint floor" - footsteps are "imprinted" on the dance floor before the surface returns to normal. There are two main areas for The American Bar section of Felix where guests can choose between being entertained by the host/bartender or mix and meet other guests at the long communal table. The American Bar is an ideal place for an aperitif or an after dinner drink to relax.

Diseñado por el famoso arquitecto-diseñador-inventor francés Philippe Starck, el innovador restaurante Felix es una experiencia única y emocionante. Dos rápidos ascensores construidos expresamente transportan a los clientes desde el vestíbulo a la planta 28 de la nueva torre del Península, a un mundo de espectaculares vistas: una atmósfera simpática y divertida con cocina «euroasiática».

La originalidad de Felix estriba en su combinación de ambientes diferentes: el restaurante principal revestido de caoba, junto con dos «caracoles» (zonas en forma de cubo construidas alrededor de escaleras de caracol) donde paredes de aluminio y cilindros de cinc contienen el Balcony, el Wine Bar, el American Bar y el Crazy Box). El trabajo sugerente y exuberante de Philippe Starck se nota por doquier -incluso las zonas de mesas incorporan varias piezas de adorno, como el sacacorchos y el rallador de queso diseñados por Starck.

El principal punto de atención del Restaurante es la Mesa Larga, ubicada en el centro de la sala delante de la cocina. La superficie de la mesa sirve para una función doble, porque con la adición de una tarima diseñada por Philippe Starck puede transformarse en una pasarela para desfiles de moda o exposiciones.

El Wine Bar se ha concebido como zona donde los comensales disfrutan de una copa antes de ir al restaurante. La decoración en forma de «iceberg» del Balcony, con sillas de aluminio y suelo de vidrio, con iluminación suave proporcionada por las lámparas O'Kelvin de Starck, establece el ambiente perfecto para probar varios tipos de alimento. La zona Crazy Box ofrece música de baile destinada principalmente a un público más maduro. Para los clientes que no quieren bailar, o los que simplemente quieren descansar, hay taburetes de cristal colocados por toda la discoteca, y un aspecto único es la «pista de huellas», donde los pasos se «imprimen» durante unos instantes antes de desaparecer. El American Bar de Felix tiene dos zonas principales: el mostrador de la barra y la mesa comunal, donde los clientes pueden escoger entre ser entretenidos por el anfitrión/barman o conocer a otros clientes en la mesa larga compartida. El American Bar es un lugar ideal para tomar una copa en un ambiente relajado antes o después de cenar.

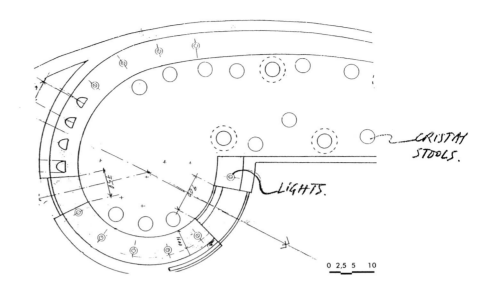

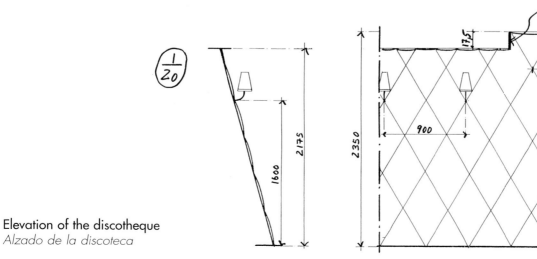

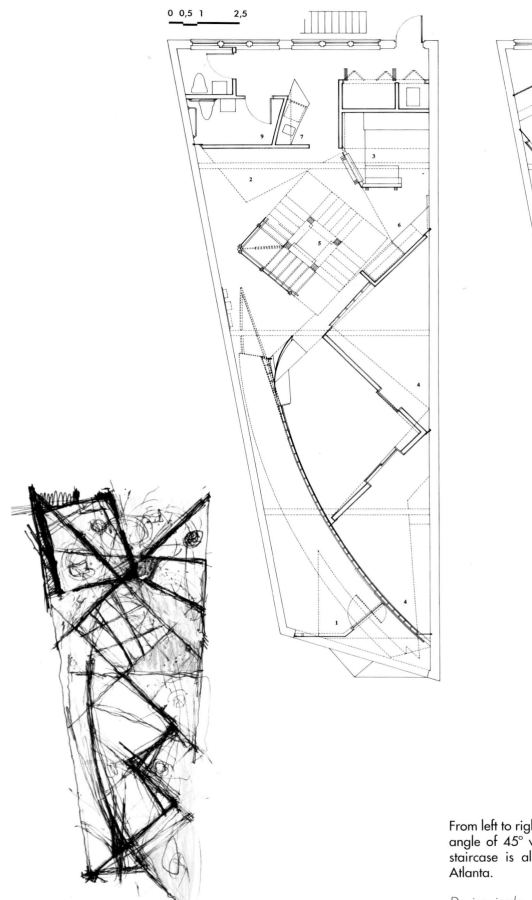

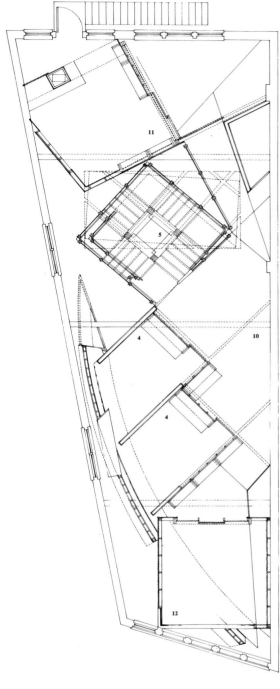

Picture showing the various levels into which the premises are divided. The different areas are clearly defined by the quality of the lighting and the furnishings.

Imágenes de los diferentes ambientes en que se encuentra dividido el local. Las distintas zonas quedan claramente delimitadas gracias a la calidad de la luz ambiental y a los elementos que componen el mobiliario.

19

The colour bright red is dominant in the wine bar. It has been designed as a small room in which the clients enjoy a glass of wine before going into the restaurant.

En la zona dedicada a los vinos predomina el color rojo vivo. Ésta ha sido diseñada como pequeña sala en la que los clientes disfrutan de una copa de vino antes de entrar al restaurante.

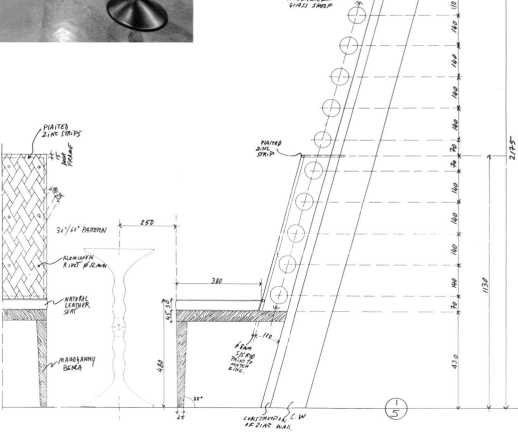

Cross section of the wine bar
Sección por la sala de vinos

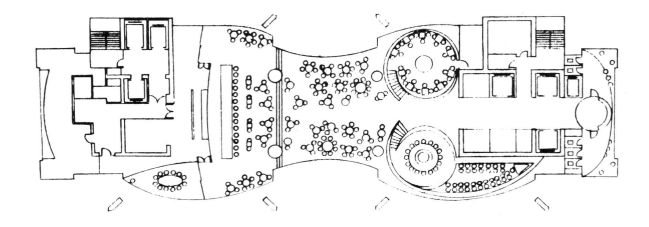

Main floor plan / *Planta del conjunto*

Plan of the discotheque
Planta de la discoteca

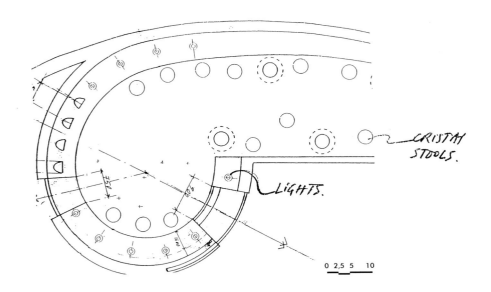

CRISTAL STOOLS.

LIGHTS.

0 2,5 5 10

SAME PATTERN FOR CEILING CONNECTED WITH WALL PATTERN.

START POSITIONING UPHOLSTERY AT HIGHEST POINT OF CEILING

ENGRAVED METAL NICKELED MICROBALLED VELVET FINISH

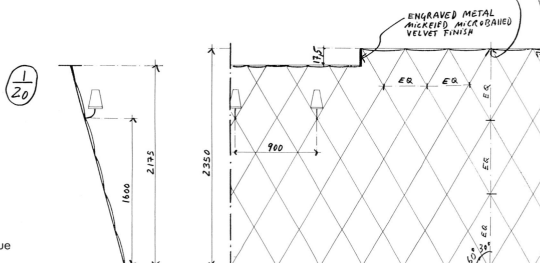

$\frac{1}{20}$

17,5

EQ EQ EQ

900

2350

2175

1600

EQ

EQ

60° 30°

Elevation of the discotheque
Alzado de la discoteca

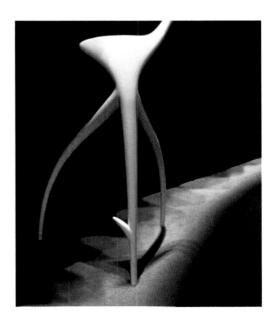

Above, two views of the furniture of the Oyster Bar. The bar and the seating are made of onyx with cast aluminium legs. Below, detail of the marble-clad toilets.

En la parte superior, dos imágenes del mobiliario del Oyster Bar. La barra y los asientos son de ónice y las patas de aluminio fundido. En la parte inferior, detalle de los aseos revestidos de mármol blanco.

VENNING ATWOOD KEAN Design

Law Offices of Bruce S. Harvey (Atlanta, U.S.A.) 1995

Bruce Harvey is one of the most respected criminal defence attorneys in Atlanta. He is a legal pioneer, who has been called "a rebel with a reputation for honesty, a subversive invigorated by judicial ideals". The office, located in a two-storey storefront building, dating from 1924 and adjacent to the historical Fairlie Poplar district of downtown Atlanta, accommodates Mr. Harvey and his staff of two attorneys, a conference room, a library, rental space for two additional attorneys who operate independently, and work areas for two support staff.

The geometry of the plan, which is open but pro vides for needed privacy and controlled access, is derived from the confluence of the different geometric grids which regulate the configuration of the building shell and the street pattern of downtown Atlanta. Like Harvey himself, the office projects a dramatic image which is familiar and comfortable, yet unique and ambiguous. The rich palette of varied textures is derived from inexpensive traditional building materials such as exposed wood studs, fibreglass, and black iron sheet metal, which have been altered and removed from their normal context. The new construction contrasts with the existing building shell, which has been left unaltered to produce a tension between the old and the new. A two-storey canted entry wall leads to the heart of the plan, which is a cantilevered wood stair that accommodates the legal library and is lit from above by a new skylight. The stair-library is the engine driving the unfolding complexity of the space which occurs from the simultaneous adding and taking away from the shell.

The existing brick load bearing shell is supplemented with steel joists. Infill consists of both wood and steel stud wall systems. The mechanical systems were updated and mostly exposed.

Bruce Harvey es uno de los abogados criminalistas más respetados de Atlanta. Es un pionero en este campo y se ha descrito como «un rebelde con una reputación para la honestidad, un subversivo animado por ideales judiciales». El despacho, ubicado en un edificio de dos plantas con un local comercial en la planta baja fue construido en 1924 junto al histórico distrito Fairlie Poplar, en el centro de Atlanta, y alberga el bufete del Sr. Harvey y su equipo de dos abogados, con una sala de conferencias, una biblioteca, un espacio para subarrendar a dos abogados adicionales trabajando independientemente, y zonas de trabajo para dos colaboradores.

La geometría de la planta, que es abierta pero proporciona la privacidad y el acceso controlado que requiere el bufete, se genera a partir de la confluencia de las diferentes retículas geométricas que ordenan la configuración del edificio y la trama del centro de Atlanta. Como el mismo Harvey, el despacho proyecta una imagen especial que resulta familiar y cómoda, a la vez que única y ambigua. La paleta rica de texturas variadas se crea a partir de los materiales tradicionales y baratos como el entramado de madera vista, fibra de vidrio y plancha metálica negra, que han sido modificados y separados de su contexto normal. La nueva construcción contrasta con la estructura existente del edificio, que se ha dejado intacta para producir tensión entre lo viejo y lo nuevo. Una pared de entrada achaflanada conduce al corazón de la planta, que es una escalera en voladizo de madera que contiene la biblioteca del gabinete y recibe luz cenital desde un nuevo tragaluz. La escalera-biblioteca es el motor de desarrollo de la complejidad del espacio que se genera a partir de añadir y restar elementos de la estructura del edificio.

La estructura portante se complementa con vigas de acero. El relleno consiste de paredes de entramado de madera y de acero. Los sistemas mecánicos se han actualizado y la mayoría de ellos queda a la vista.

To a certain extent the building maintains the original industrial aesthetics. An angular glass wall helps to create the covered entrance area, which may be closed off by a metal curtain.

El edificio mantiene, en cierta forma, la estética industrial original. Una angulosa pared de cristal ayuda a crear un espacio de entrada cubierto que puede cerrarse al exterior mediante una cortina metálica.

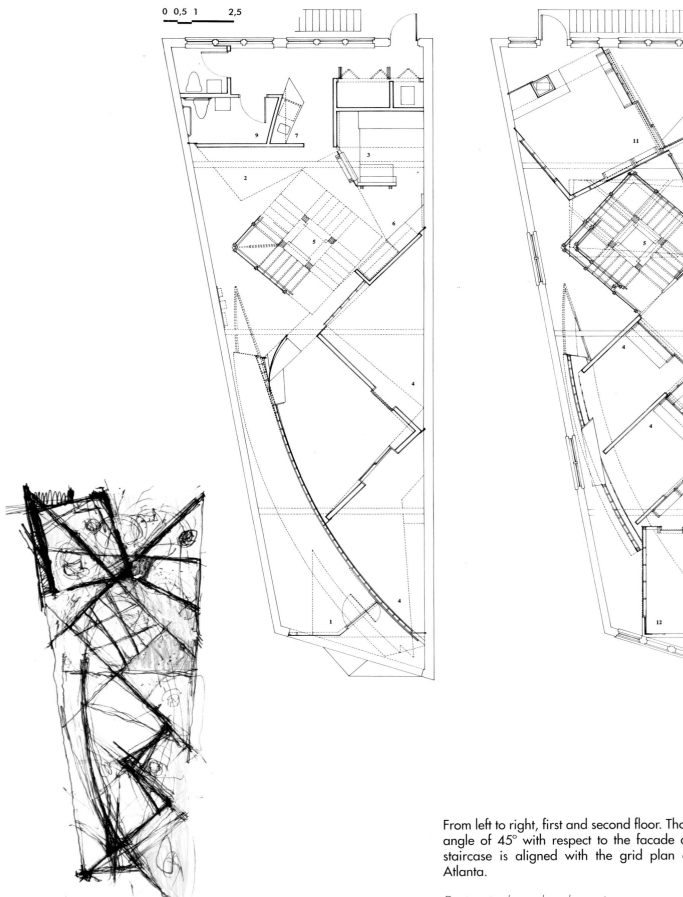

0 0,5 1 2,5

9 7

3

2

6

5

4

4

1

11

5

4

10

4

12

From left to right, first and second floor. Though it is at an angle of 45° with respect to the facade alignment, the staircase is aligned with the grid plan of the city of Atlanta.

De izquierda a derecha, primera y segunda planta respectivamente. A pesar de estar girada cuarenta y cinco grados respecto a la alineación de la fachada, la escalera se encuentra alineada con la trama que regula la ciudad de Atlanta.

Longitudinal section / *Sección longitudinal*

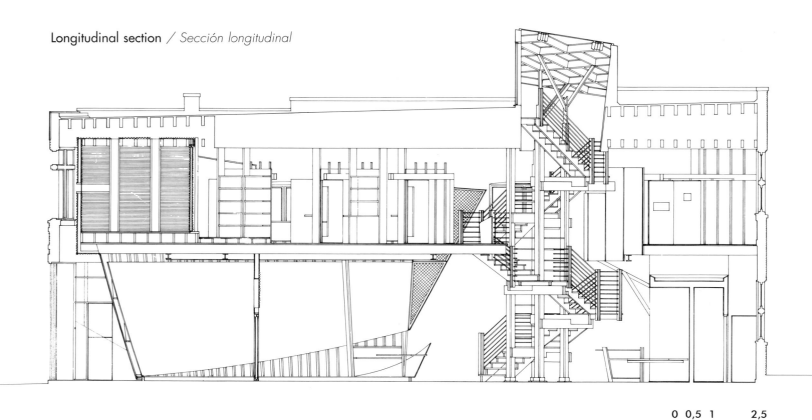

0 0,5 1   2,5

On the ground floor, a curved wall opens the views towards the hall, and helps to maintain the privacy of the service area.

En planta baja, una pared curvada abre las vistas hacia el vestíbulo y colabora a mantener la privacidad de la zona para empleados.

28

The entrance to Mr Harvey's office is through two large sliding doors covered with a black steel sheet.

Al despacho del señor Harvey se accede a través de dos grandes puertas correderas revestidas con una lámina de acero negro.

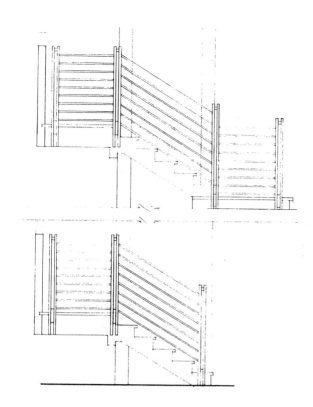

Elevations of the staircase / *Alzados de la escalera*

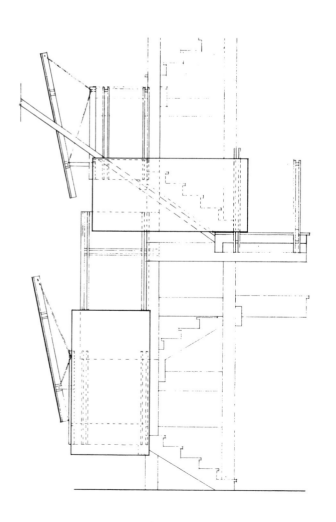

Plan and section of the staircase
Planta y sección de la escalera

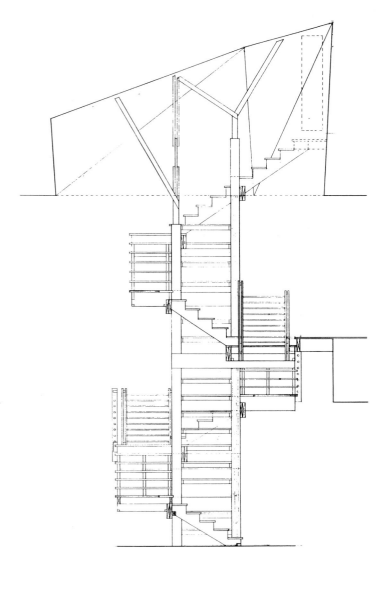

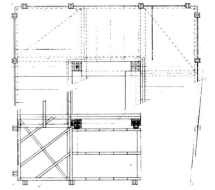

The sensation of movement of the main staircases has been emphasised through the application of translucent acrylic panels placed at different angles.

La sensación de movimiento de la escalera principal se ha enfatizado mediante la aplicación de paneles acrílicos translúcidos colocados en diversos ángulos.

31

Van BERKEL & BOS Architectuurbureau

Gallery Aedes East (Berlin, Germany) 1994

As part of the redevelopment of the Hackeschen Höfe, the new gallery and cafe in Aedes East are situated in a lively Jugendstil complex. Inside, concrete panels cover walls, floors and ceilings. In the gallery this sober interior provides a blank canvas for the works that are exhibited. The general presence of concrete is like the lining of a box, an uninterrupted skin covering the carcass of the old structure. The skin swells up sometimes to form a piece of furniture, made also of concrete. Through the ceiling, skeletal light boxes protrude, the only perforations of the skin.

In the cafe, benches of laminated wood and glazed, silk-screened walls are added to the concrete. The benches, tables and cupboards of multiple layers of headers establish a completely new way of working with this material. The green glass, printed with an enlarged computer image of wood structure is applied in front of the concrete walls.

Como parte de la remodelación del Hackeschen Hofe, la nueva galería y café en Aedes East están ubicados en un complejo muy frecuentado de estilo modernista. En el interior, paneles de hormigón cubren paredes, suelos y techos. En la galería, este sobrio interior actúa de fondo neutro para los trabajos que se exponen. La presencia general del hormigón es como el revestimiento de una caja, una piel continua que cubre el esqueleto de la vieja estructura. La piel se hincha a veces para formar un mueble, también de hormigón. Los techos son perforados por cajas de luz, la única interrupción en la piel.

En el café, bancos de madera laminada y paredes de vidrio serigrafiado se añaden al hormigón. Los bancos, mesas y armarios de capas múltiples de testas establecen una manera completamente nueva de trabajar con este material. El vidrio verde, serigrafiado con una imagen de ordenador que evidencia la estructura de la madera, se aplica a las paredes de hormigón.

Aedes East-Café

The walls of the café have been covered with laminated wooden boards and screen-printed glass panels. The image printed on the greenish glass forms a link with the structure of the wood.

Las paredes del café se han revestido con tablones de madera laminada y paneles de cristal pintado grabados al ácido. La imagen grabada en el cristal verdoso nos remite a la estructura de la madera.

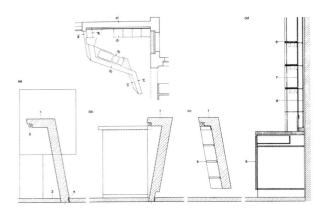

Plan and sections of the concrete counter
Planta y secciones de la barra de hormigón

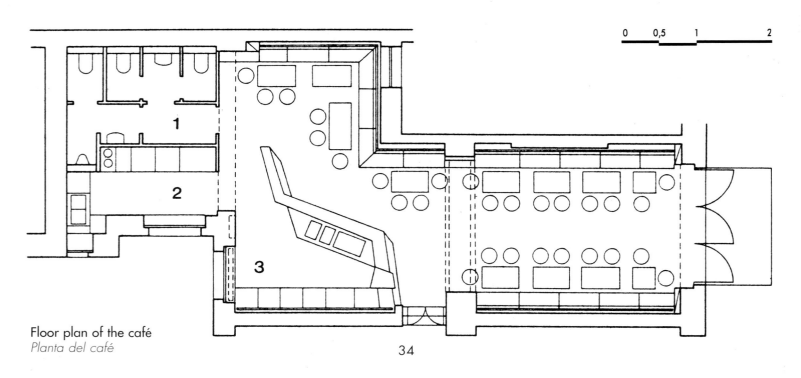

Floor plan of the café
Planta del café

Elevation of the screen-printed glass panels / *Alzado de los paneles de cristal pintado grabados al ácido*

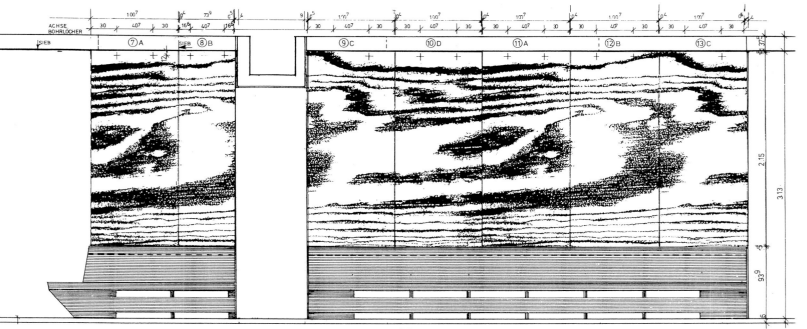

Aedes East-Gallery

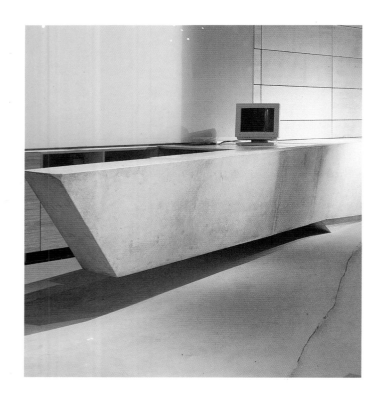

On the left we can see how the concrete counter does not touch the floor. Behind the counter there is an illuminated glass panel.

En la imagen de la izquierda podemos ver cómo el mostrador de hormigón no llega a tocar el suelo. Detrás del mostrador aparece un panel de cristal iluminado.

Detail of the concrete counter
Detalle del mostrador de hormigón

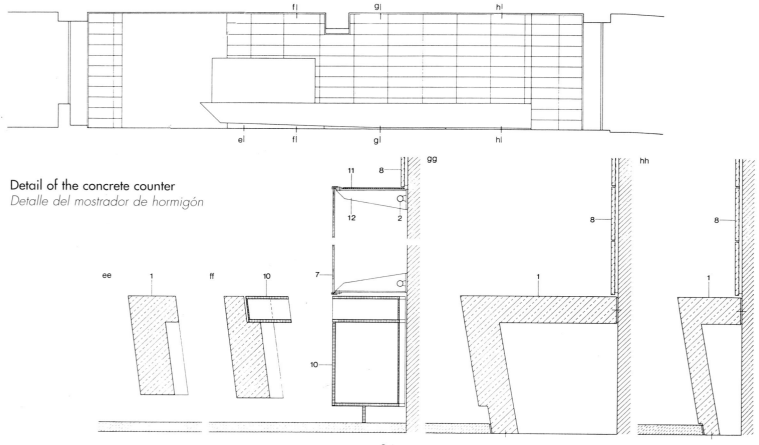

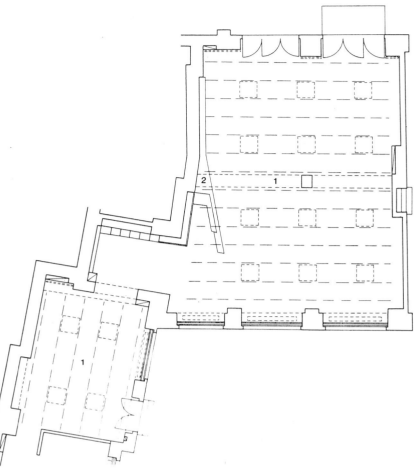

Floor plan of the gallery / *Planta de la galería*

The metal skeleton of the boxes containing the points of light is the only note of contrast in an interior that is completely clad in concrete.

El esqueleto metálico de las cajas que contienen los puntos de luz representa el único punto de inflexión en un interior totalmente revestido de hormigón.

The main feature of the interior of the gallery is sobriety, in order to provide a neutral background for the work of the artists.

La sobriedad, característica principal del interior de la galería, proporciona un fondo neutro en el que exponer los trabajos de los artistas.

Different views of the interior of the gallery. The walls, floor and ceilings have been covered with concrete panels, thus giving a unifying image that covers the old structure of the premises.

Diversas imágenes del interior de la galería. Las paredes, el suelo y los forjados se han revestido con paneles de hormigón, proporcionando, de esta forma, una nueva imagen unitaria que recubre la vieja estructura del local.

BAUFRÖSCHE

Architectural Studio (Kassel, Germany) 1993

The location, a beautiful estate with fruit trees in the vicinity of the Wilhelmshöhe railway station , separated from the road by a stream, and the plan of an office for "the building frogs", presented the following requirements:

The building should not be very noisy and its old rural location should be recognized. "Somewhat like a sawmill, at any rate rather a roadside workshop than a roadside building". On a stone plinth, which we covered with a sandstone wall, through love for the adjoining stream and the timber-frame building, one finds a light construction of two floors and two sheds. It is a prefabricated assembly whose interior resembles a sailing boat with shrouds and stanchions that go through the two floors. In the lower part there is only one aperture: the window facing the south and the stream. Of course, there is also the entrance door. But from the architectural point of view this is not an opening in the plinth but is superimposed on the wall.

Once inside, there occurs a sequence of scenes as in the theatre. The reception and cloakroom, with little light, in concrete, is quite small. The only light comes through a small window that faces south and is located in the stairwell. The whole ground floor is paved with concrete slabs. The first floor, spacious and light, is reached by a narrow concrete staircase. If one continues going up the beech staircase situated in the centre, one finds oneself in an enclosure of two sheds amply illuminated by narrow skylights in the roof. The two floors are joined by a blue soundproof wall and by the floor slabs.

Almost the whole structure (rough masonry), except for the staircase and the adjoining library, the system of ventilation and lighting and the linoleum floor, was delivered by truck and then assembled. The plywood was painted with white paint in order to prevent it from darkening. Painted and polished beechwood against prefabricated plywood; stone against aluminium sheeting; ecology against high technology.

Tanto el terreno, una preciosa finca con árboles frutales situada en las cercanías de la estación de tren Wilhelmshöhe y separada de la carretera por un arroyo, como el concepto de una oficina para «Las ranas constructoras» presentaron las siguientes exigencias:

El edificio no tenía que ser muy ruidoso y debía reconocerse su antigua ubicación rural. «Algo semejante a un aserradero; en todo caso más bien un taller junto a la carretera que un edificio al lado de la carretera.» Sobre un zócalo de piedra que se recubrió con un muro de piedra arenisca para conservar el arroyo y el edificio de entramado adjuntos, se encuentra una edificación ligera de dos pisos y dos naves: un montaje prefabricado cuyo interior se asemeja a un barco de vela con obenques y puntales que atraviesan los dos pisos. En la parte inferior sólo hay una abertura: la ventana que da al sur y al arroyo. Por supuesto, también está la puerta de entrada, pero ésta no es, desde el punto de vista arquitectónico, una abertura en el zócalo, sino sobrepuesta ante la pared.

Una vez dentro se produce una secuencia de escenas como en el teatro. La recepción con guardarropa, con escasa luz y de hormigón, es bastante pequeña. La luz entra solamente por una pequeña ventana que da al sur y que se encuentra sobre el hueco de la escalera. El suelo es, como en toda la planta del zócalo, de baldosas de hormigón. Por una estrecha escalera del mismo material se sube a la primera planta, amplia y clara. Continuando la ascensión por la escalera de haya situada en el centro, se encuentra un recinto de dos naves iluminado por estrechos tragaluces tipo Shed que aportan mucha claridad. Los dos pisos se encuentran unidos por una pared insonorizada azul y por las plantas de los dos pisos.

Casi toda la estructura (obra en bruto) ha sido —exceptuando la escalera y la biblioteca adjunta, el sistema de ventilación y de iluminación y el suelo de linóleo— suministrada por un remolque y posteriormente montada. La madera contrachapada ha sido tratada con una pintura blanca para evitar así su oscurecimiento. Madera de haya lacada y pulida frente a madera contrachapada prefabricada; piedra frente a chapa de aluminio; ecología frente a alta tecnología.

The roof covering consists of a corrugated aluminium sheet. The outer walls are clad in wood.

El recubrimiento del tejado consiste en una chapa ondulada de aluminio. Por su parte, el revestimiento de las paredes exteriores es de madera.

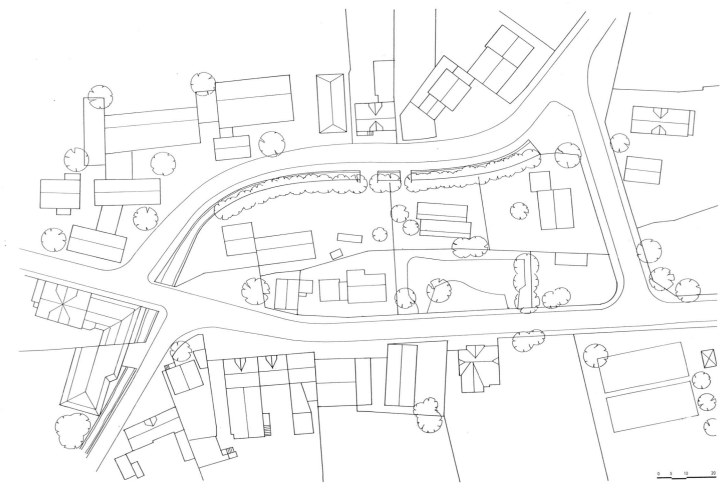

Site plan / *Plano de situación*

The wooden boards that line the outer walls overlap horizontally on the longer sides of the building and are placed vertically side-by-side on the end walls.

Los tablones de madera que revisten las paredes exteriores se han colocado tipo escama (tablas superpuestas horizontalmente) en los lados más largos del edificio y en forma de tablas verticales en los testeros.

43

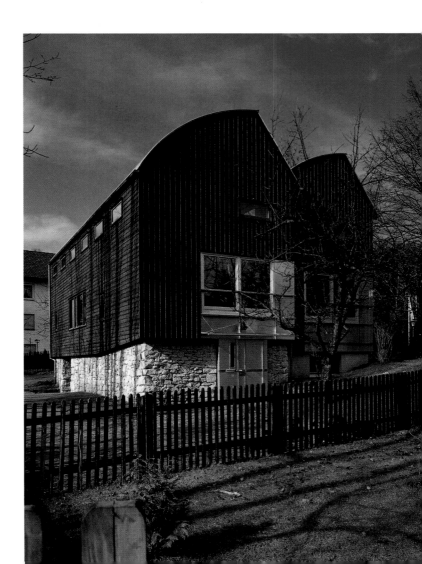

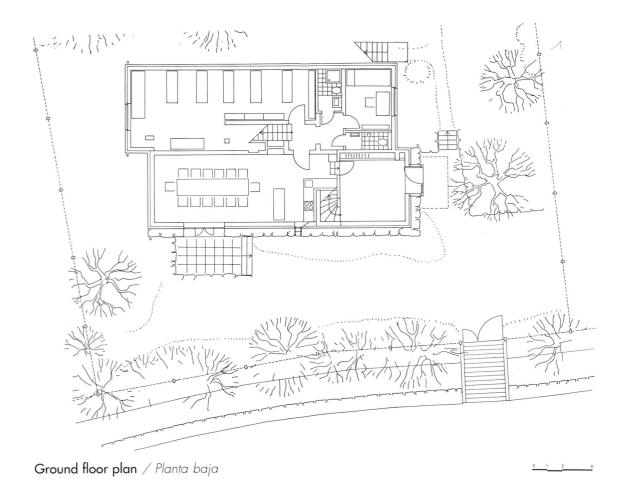

Ground floor plan / *Planta baja*

First floor plan / *Primera planta*

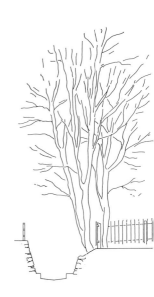

Cross section
Sección transversal

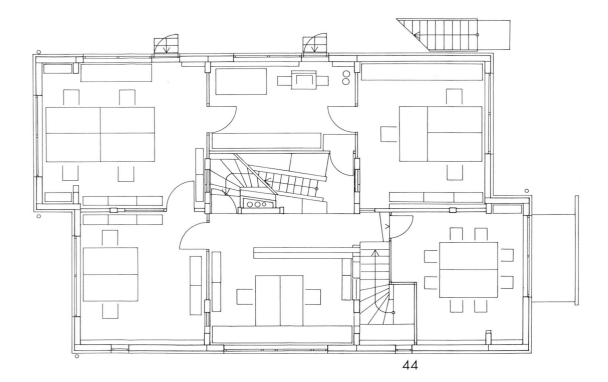

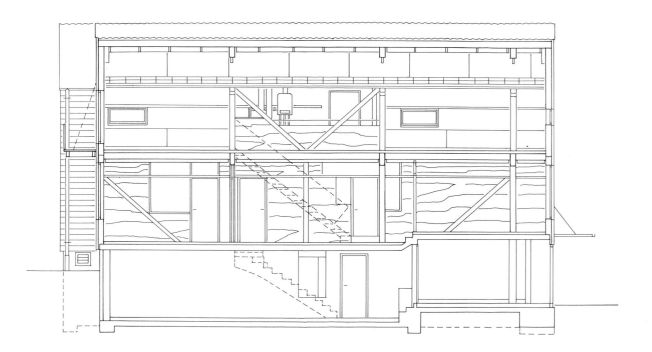

Longitudinal section / *Sección longitudinal*

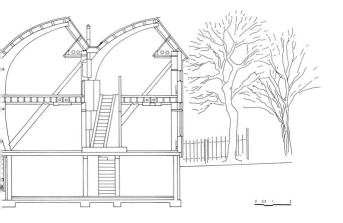

Second floor plan / *Segunda planta*

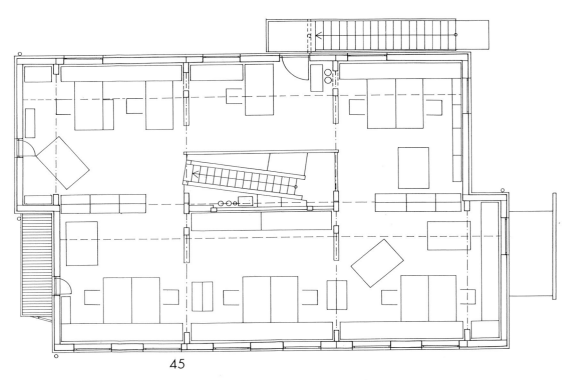

The first floor is reached by an exposed concrete staircase. From here, a beech wood staircase leads to the brightly-lit main sheds on the upper floor.

Se accede a la primera planta a través de una escalera de hormigón visto. Desde aquí, una escalera de madera de haya nos conduce a las luminosas naves principales situadas en la parte superior.

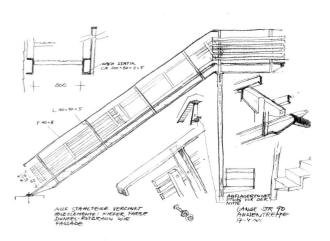

Sketches of the stair / *Bocetos de la escalera*

The two floors are joined by a wall painted bright blue. This also provides sound insulation.

Los dos pisos se encuentran unidos mediante una pared pintada de color azul intenso. Ésta, a su vez, actúa como elemento insonorizador.

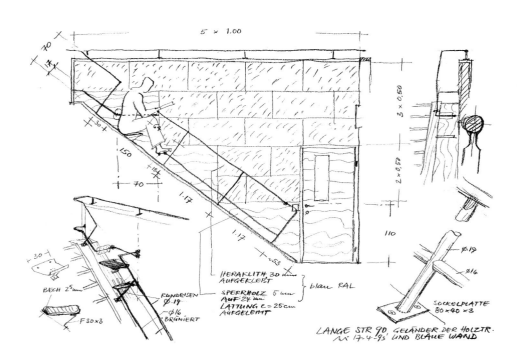

The last section of the staircase runs alongside an unusual bookcase.

Un singular cuerpo destinado a albergar una librería, acompaña el ascenso del último tramo de la escalera.

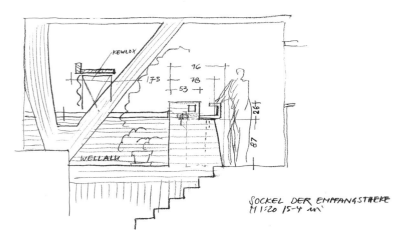

SOCKEL DER EMPFANGSTHEKE
M 1:20 15-4 m²

The working space situated on the top floor is top-lit through narrow openings in the shed roof.

El espacio de trabajo situado en la última planta se ilumina cenitalmente a través de estrechos vanos abiertos en un tejado tipo Shed.

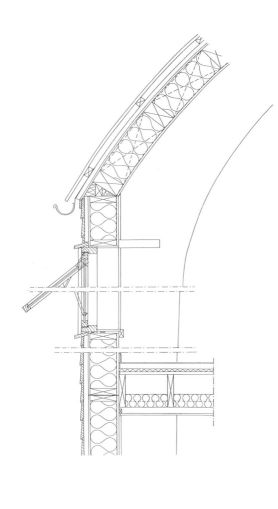

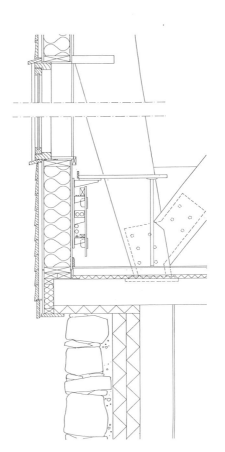

Construction details of the roof and the facades
Detalles constructivos de la cubierta y las fachadas

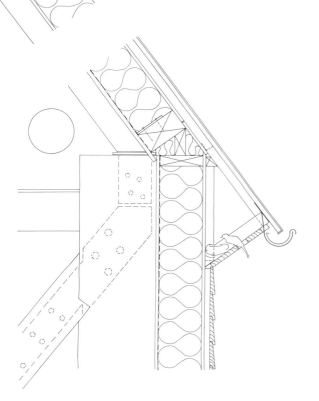

Steven HOLL

Storefront for Art & Architecture (New York, U.S.A.) 1993

In 1992, Steven Holl and artist Vito Acconci were commissioned as a collaborative team to renovate the aging facade of the Storefront for Art and Architecture, one of the few galleries dedicated to the exhibition of young architects in New York City. The Storefront project is the second collaborative effort by Holl and Acconci; their first work together was a 1988 urban plan for a growing arts community in downtown Washington D.C. sponsored by the Pennsylvania Avenue Development Corporation.

The Storefront for Art and Architecture is situated on the corner of a block that marks the intersection of three distinct neighborhoods: Chinatown, Little Italy and Soho. The gallery itself is a limited, narrow wedge with a triangulated exhibition interior, such that the most dominant structure for the Storefront for Art and Architecture is the building's long facade. In fact, the history of exhibitions at the gallery was marked in the various cuts and layers of paint which exhibiting architects had imposed on and through this once-uniform surface.

Drawing from this history, neither Acconci nor Holl were interested in the permanence of the facade or the idea of a static gallery space. Seeking to introduce improbability and to puncture the facade, Acconci and Holl challenged this symbolic border which underlines the exclusivity of the art world, where only those on the inside belong. Using a hybrid material comprised of concrete mixed with recycled fibers, Holl and Acconci inserted a series of hinged panels arranged in a puzzle-like configuration. When the panels are locked in their open position, the facade dissolves and the interior space of the gallery expands out onto the sidewalk. If the function of a facade is to create a division separating the inside from the outside space, this new facade, in the words of director Kyong Park, is "NO WALL, NO BARRIER, NO INSIDE, NO OUTSIDE, NO SPACE, NO BUILDING, NO PLACE, NO INSTITUTION, NO ART, NO ARCHITECTURE, NO ACCONCI, NO HOLL, NO STOREFRONT."

En 1992, Steven Holl y el artista Vito Acconci recibieron el encargo de renovar la deteriorada fachada del Storefront for Art and Architecture, una de las pocas galerías dedicadas a la exposición de arquitectos jóvenes en la ciudad de Nueva York. El proyecto Storefront es el segundo esfuerzo de colaboración entre Holl y Acconci; su primer trabajo conjunto fue un plan urbanístico realizado en 1988 para la creciente comunidad artística del centro de Washington D.C., patrocinado por la Pennsylvania Avenue Development Corporation.

El Storefront for Art and Architecture está situado en la esquina de un bloque que marca la intersección de tres barrios distintos: Chinatown, Little Italy y Soho. La galería en sí consta de una cuña estrecha con una zona triangular de exposición interior, de forma que la estructura dominante del Storefront for Art and Architecture es la larga fachada del edificio. De hecho, el historial de exposiciones de la galería quedó plasmado en los diversos cortes y capas de pintura que los arquitectos expositores habían impuesto sobre y a través de esta superficie inicialmente uniforme.

En su reflexión sobre esta historia, ni a Acconci ni a Holl les interesó la durabilidad de la fachada o la idea de un espacio estático de galería. Con el objeto de introducir la improbabilidad y de perforar la fachada, Acconci y Holl desafiaron esta frontera simbólica que subraya la exclusividad del mundo de arte, al que sólo los iniciados pertenecen. Mediante el uso de un material híbrido formado por hormigón mezclado con fibras recicladas, Holl y Acconci insertaron una serie de paneles con bisagras dispuestas en una configuración tipo rompecabezas. Cuando los paneles se colocan en su posición abierta, la fachada se disuelve y el espacio interior de la galería se expande hacia la acera. Si la función de una fachada es la de crear una división que separa el espacio interior del exterior, esta nueva fachada, en palabras del director Kyong Park, es «SIN PARED, SIN BARRERAS, SIN INTERIOR, SIN EXTERIOR, SIN ESPACIO, SIN EDIFICIO, SIN LUGAR, SIN INSTITUCIÓN, SIN ARTE, SIN ARQUITECTURA, SIN ACCONCI, SIN HOLL, SIN STOREFRONT».

The gallery, which was designed for exhibiting the work of young architects, occupies a narrow, triangular, wedge-shaped corner site.

La galería, destinada a exponer la obra de jóvenes arquitectos, se encuentra en un estrecho solar con forma de cuña triangular situado en esquina.

Due to the dimensions of the site, the fundamental component through which the project was developed is undoubtedly the long, extensive street facade.

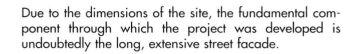

Debido a las dimensiones del solar, el componente fundamental a través del cual se ha desarrollado el proyecto es, sin lugar a dudas, la larga y extensa fachada que da a la calle.

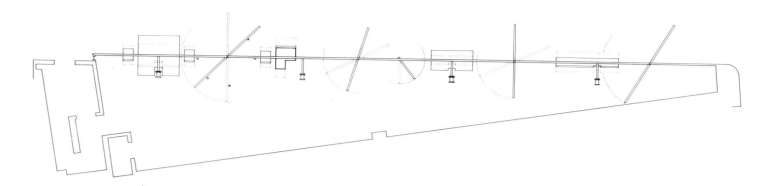

Floor plan / *Planta*

A composite of concrete and recycled fibres was used to build up the facade into a jigsaw of interlocking pivoting elements.

Utilizando como material un compuesto mixto de hormigón y fibras recicladas, se ha dibujado, mediante piezas pivotantes, una fachada a modo de puzzle.

55

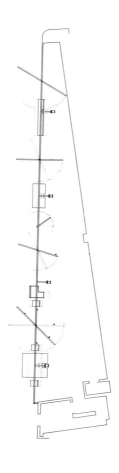

When the pivoting elements are fully opened, the limited indoor space projects streetwards.

Cuando los elementos pivotantes están en su posición de máxima abertura, el limitado espacio interior se proyecta hacia la calle.

On this page, a detail of the pivoting elements that make up the facade. By means of this ingenious system, the architect succeeds in melting the facade away and endowing the premises with more space.

En esta página, podemos apreciar de forma detallada los elementos pivotantes que conforman la fachada. Mediante este ingenioso sistema, el arquitecto consigue disimular la fachada y aumentar las dimensiones del local.

Jean NOUVEL

Galeries Lafayette (Berlin, Germany) 1996
Euralille Centre Commercial (Euralille, France) 1994

In the design of this department store, the architect seeks to intercept passers-by in the street, on the pavement by prolonging the exterior public space of Friedrichstrasse. From the street the space of the ground floor is free, without any walls. The dematerialisation of the angle allows motorists and pedestrians to see the light cones, the largest of which palpitates, shines, flashes beams of light and colour.

The central nature of the department store in the block was also imposed. The spatial arrangement of the different levels is simple to read, as it allows everyone to know at all times where they are and where they are going. The two large cone-shaped mirrors in the central space are an object of fascination. Here, thanks to advertising campaigns, the messages and images run over the surfaces. A veritable question and a veritable spectacle. All these effects of light diffusion characterise the building by day, and even more so at night. The geometry and light create the architecture within infinite variations linked to the time and the nature of the images that are programmed.

Located at the confluence of the Paris-London TGV line and the future Paris-Brussels, the city of Lille is faced with the new development plan. Jean Nouvel was commissioned to design the large housing complex, a shopping centre, flanked by a row of houses, and a hotel in the east and five towers in the south.

Concerned by coherence and differentiation, Jean Nouvel proposed unity of material, painted aluminium forming a theoretical grey background against which each element shows its specific signs and colours. The facades of the shopping centre and the towers, the lower and upper parts of the central roof, are punctuated with lights and coloured signs, which relate to the refreshing and mobile holograms within the airport vocabulary that is used in the centre. The long facade of the residential building offers a mosaic of vibrant colours under the changeable northern skies.

El proyecto de estos grandes almacenes atrapa visualmente al transeúnte en la calle, en la acera, prolongando el espacio público exterior que es Friedrichstrasse. Desde la calle, el espacio de la planta baja es ininterrumpido, libre de muros. La desmaterialización del ángulo deja ver al automovilista o al peatón los conos de luz, uno de los cuales, el más grande, palpita, brilla, relampaguea con sus rayos y haz de colores.

La centralidad de los grandes almacenes dentro del bloque también ha sido impuesta. La lectura de la estructuración espacial de los distintos niveles es simple. Ésta permite saber en todo momento dónde se está y a dónde se va. Los dos grandes espejos en forma de cono del espacio central son objeto de fascinación y lugar donde se exponen los temas de las distintas campañas de promoción, cuyos mensajes e imágenes recorren las superficies. Todos estos efectos de difusión luminosa caracterizan el inmueble de día y, evidentemente, aún más de noche. La geometría y la luz crean la arquitectura dentro de variaciones infinitas, ligadas al tiempo, a la hora, y a la naturaleza de las imágenes programadas.

Situado en la confluencia de la línea del TGV París-Londres y de la futura línea París-Bruselas, la ciudad de Lille se enfrenta a un nuevo plan de urbanismo. En el caso del gran complejo destinado a ser un centro comercial, bordeado por una fila de casas y por un hotel al oeste, y flanqueado por cinco torres al sur, la arquitectura ha sido confiada a Jean Nouvel.

Preocupado por la coherencia y la diferenciación, Jean Nouvel ha propuesto una unidad de materia: el aluminio laqueado, que hace reinar un fondo gris teórico, luego ha puesto en juego cada uno de los elementos mediante sus signos específicos y colores. Las fachadas del centro comercial y de las torres, la parte inferior y superior del tejado del centro, están punteadas con balizas y signos coloreados, jugando con las frescas y movedizas holografías, dentro de un vocabulario aereoportuario que se aprecia en el interior del centro. La larga fachada del inmueble de la residencia ofrece un mosaico de colores vibrantes bajo de los cielos cambiantes del Norte.

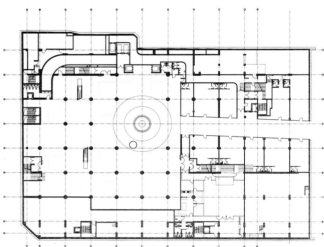

Basement floor plan / *Planta sótano*

The building was designed to intercept the pedestrians, inviting them to enter the new public space that has been created inside the warehouses.

El edificio busca interceptar al transeúnte, invitándolo a entrar en el nuevo espacio público en que se ha convertido el interior de los almacenes.

Ground floor plan / *Planta baja*

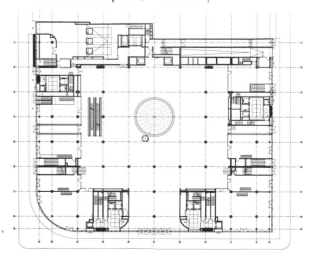

Second floor plan / *Segunda planta*

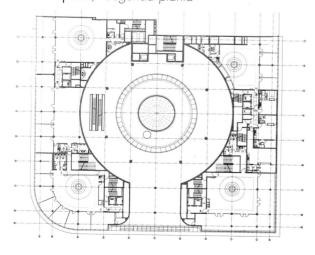

The transparent facade shows its signs in triangular haloes (that resonate with the cones of the interior) or rectangular ones (that are in proportion with the screen).

La fachada transparente deja aparecer sus signos dentro de halos triangulares (en resonancia con los conos del interior) o rectangulares (en proporción con la pantalla).

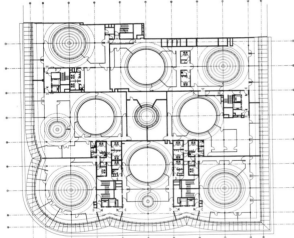

Seventh floor plan / *Séptima planta*

Third floor plan / *Tercera planta*

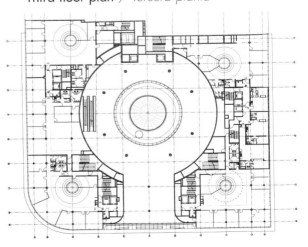

Fifth floor plan / *Quinta planta*

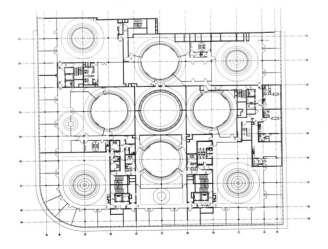

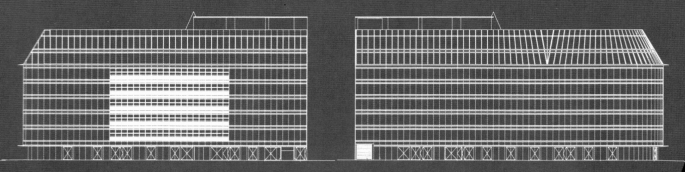

South elevation / *Alzado sur*

North elevation / *Alzado norte*

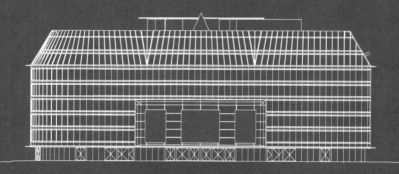

West elevation / *Alzado oeste*

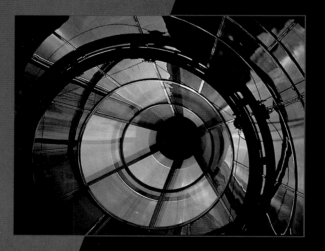

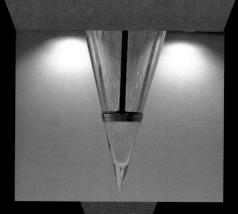

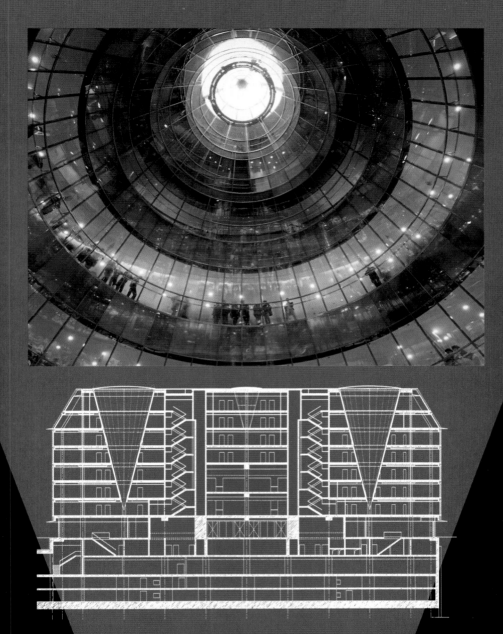

Section II' / Sección II'

Section FF' / Sección FF'

Section 7-7 / Sección 7-7

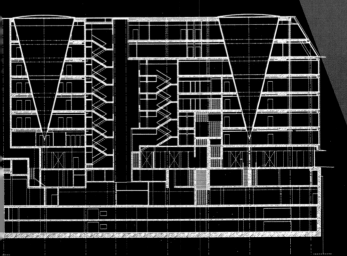

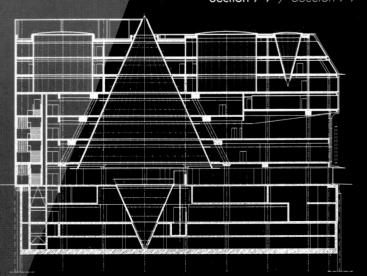

Euralille

In the treatment of the facade the architect used painted aluminium that gives the building a dark grey background on which the colours of the signs stand out.

En el tratamiento de la fachada, el arquitecto ha utilizado aluminio laqueado que proporciona al edificio un fondo gris oscuro sobre el que destacar el color de los signos.

Longitudinal section / *Sección longitudinal*

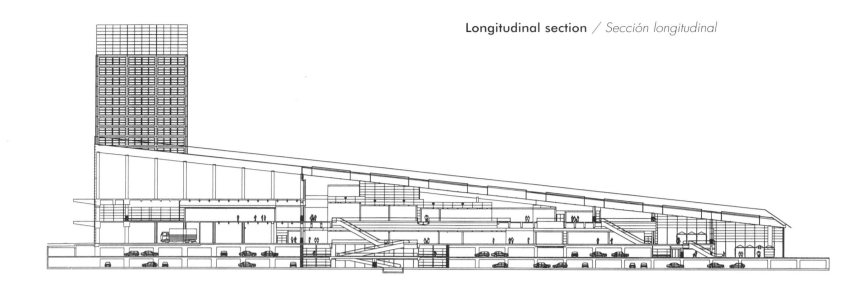

Elevation Allée de Liège / *Alzado Allée de Liège*

First floor plan / *Planta primera*

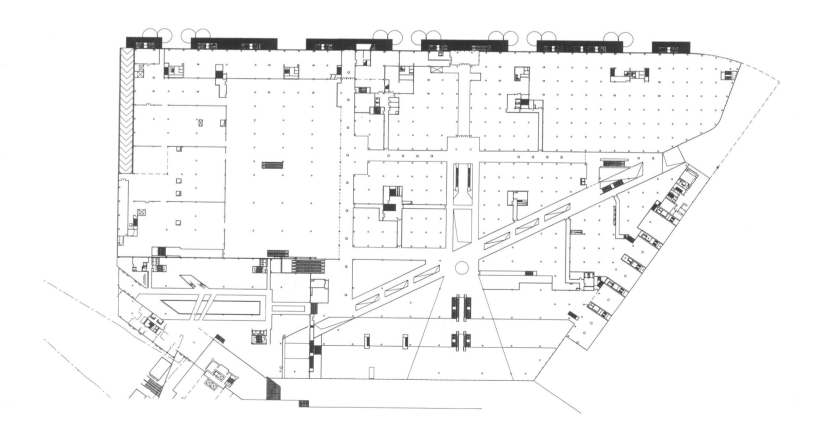

In the interior of the Euralille Centre there is a predominance of the vocabulary of airports, with which a close relationship is established.

En el interior del centro Euralille predomina el vocabulario aeroportuario, estableciéndose una estrecha relación con esta actividad.

Elevation Allée de Liège / *Alzado Allée de Liège*

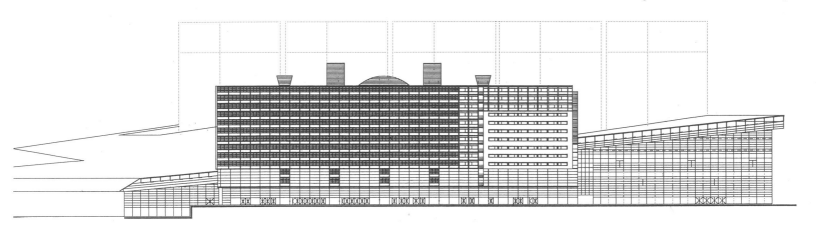

Ian RITCHIE Architects

Leipzig Neue Messe Glass Halls (Leipzig, Germany) 1996

Having won an international competition in 1992, Professor Marg invited Ian Ritchie Architects to collaborate with him together with IPP Ingenieurbüro and HL-Technik in the design and realisation of the huge glass "wintergarden" which is the centrepiece of the new Leipzig International Exhibition Centre.

The glass hall is 238m long, 80m wide, and 28m high at the apex, and includes four separate single-storey stone faced buildings providing catering, shopping & cloakroom facilities. A central work area has been designated to provide reception, relaxation and meeting areas for conference delegates. Six bridges run through and across the hall 5m above the main floor level. They are enclosed in curved glass linking the main hall with the exhibition halls and conference centre. A further bridge links it with the other entrance pavilion across a water landscape.

The building sought to achieve simplicity with economy, allowing it to exist as a filigree shell within the central landscape of the site. The vaulted structure is composed of an external orthogonal single layer grid shell of uniform-diameter tube stiffened by primary arches of 25m diameter. The envelope is composed of low-iron PPG starfire laminated glass panels 1.5m-3.125m, suspended 0.5m below the grid shell, and includes discreet perimeter ventilation and fire escape exits at low level, and ventilation/smoke extract "butterfly" openings at high level. Entrances are located in both end walls.

Environmental control is achieved in summer through the opening vents. In exceptionally hot periods de-ionised water is run from the apex over the glass vault. Underfloor heating maintains a minimum internal temperature of 8°C at 2m above ground level, with perimeter heating counteracting downdraughts and minimising condensation.

Tras resultar ganador en una competición internacional en el año 1992, el profesor Marg invitó a Ian Ritchie Architects a colaborar con él —juntamente con IPP Ingenieurbüro y HL-Technik— en el diseño y realización del enorme «jardín de invierno» de cristal, pieza central del nuevo Leipzing International Exhibition Centre.

La sala de cristal tiene 238 metros de longitud, 80 metros de ancho y 28 metros de altura en su ápice, e incluye cuatro edificios separados de una sola planta con fachadas de piedra en los que se encuentran el servicio de comidas, y equipamientos tales como el guardarropa y los aseos. Se ha designado un área de funcionamiento central. En esta zona se encuentra la recepción y las áreas de encuentro y descanso para los delegados de los congresos. Seis puentes recorren en sentido longitudinal y transversal el hall a 5 metros por encima del nivel principal. Se encuentran encerrados en cristal curvado y unen el hall con las salas de exhibición y el centro de conferencias. Un puente mayor lo une con la otra entrada al pabellón atravesando superficies de agua.

El edificio, al aunar simplicidad y economía, logra integrar el delicado armazón en el paisaje del lugar. La estructura abovedada está compuesta por una simple capa de armazón tramada ortogonal situada en el exterior de tubos de un diámetro uniforme reforzados con arcos de 25 metros de diámetro. El recubrimiento está compuesto por láminas de acero PPG resistente al fuego, paneles de cristal de 1,5 metros por 3,125 metros suspendidos 0,5 metros por debajo del armazón tramado, e incluye una discreta ventilación perimetral y salidas de incendios en la parte inferior, así como aberturas para la extracción de humos y ventilación en la parte superior. Las entradas se encuentran situadas a ambos lados en la parte baja del cerramiento.

El control medioambiental se consigue en verano a través de las aberturas o respiraderos. En periodos excepcionalmente cálidos el agua desionizada corre sobre la bóveda de cristal. La calefacción situada bajo el suelo mantiene una temperatura interior de 8°C bajo la planta baja, con un sistema de calefacción perimetral que contrarresta las corrientes de aire y reduce al mínimo las condensaciones.

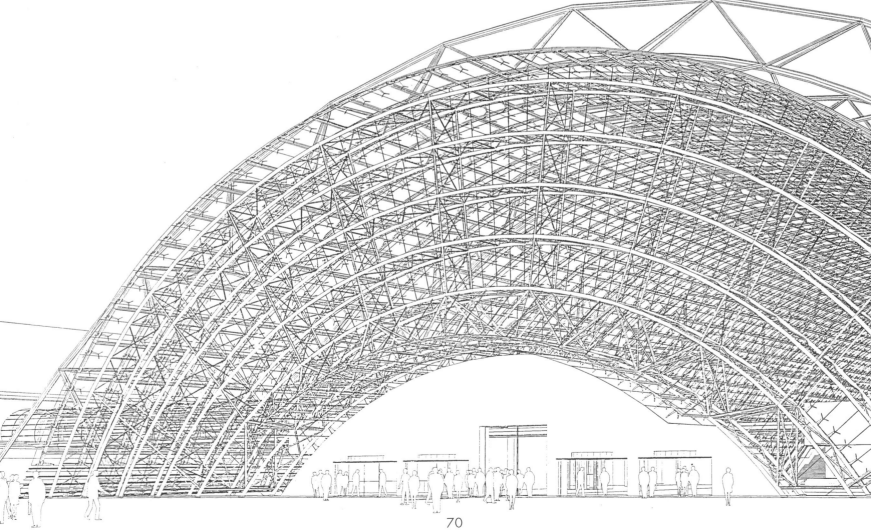

70

The dimensions of the large "winter garden" built entirely of glass and steel are impressive: 238 metres long, 80 metres wide and 28 metres high at the highest point. The simplicity and economy of the materials do not detract from the majestic result.

Las dimensiones del gran "jardín de invierno" construido íntegramente con cristal y acero son impresionantes: 238 metros de largo, 80 metros de anchura y 28 metros de altura en su punto más elevado. La simplicidad y economía de sus materiales no reduce la majestuosidad del resultado.

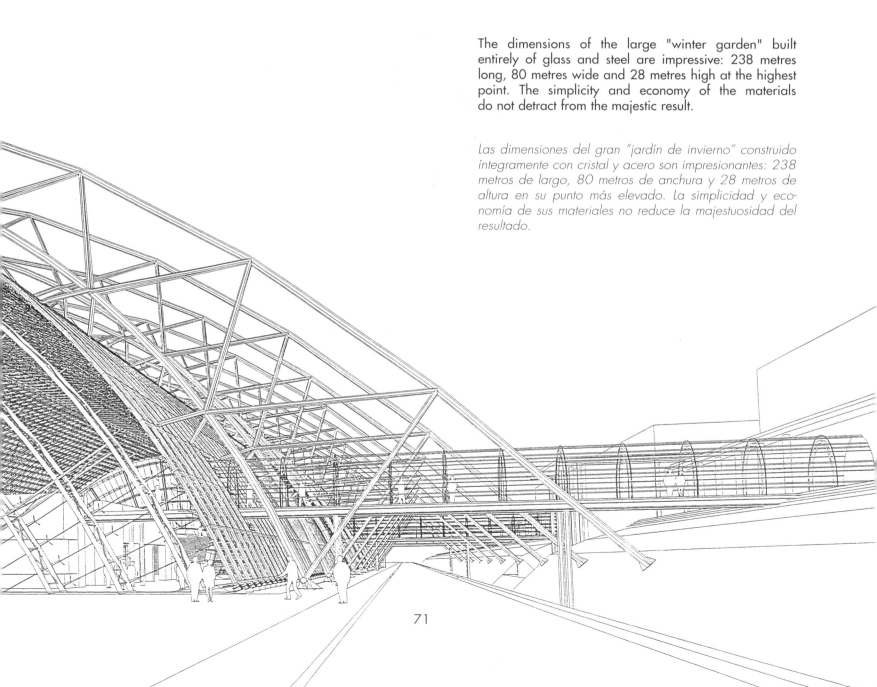

71

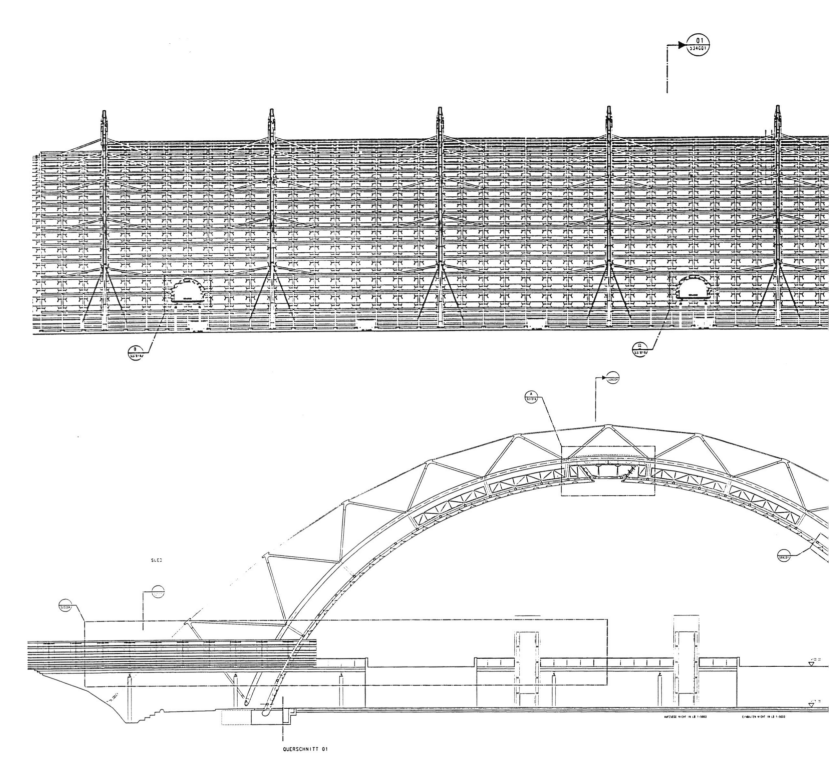

QUERSCHNITT 01

0   2   5   10

Cross section / *Sección transversal*

72

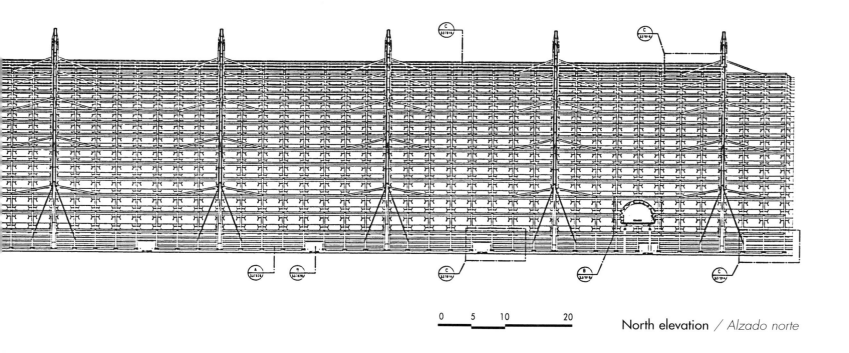

North elevation / *Alzado norte*

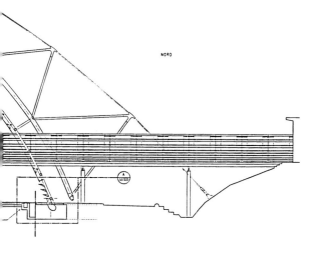

West elevation / *Alzado oeste*

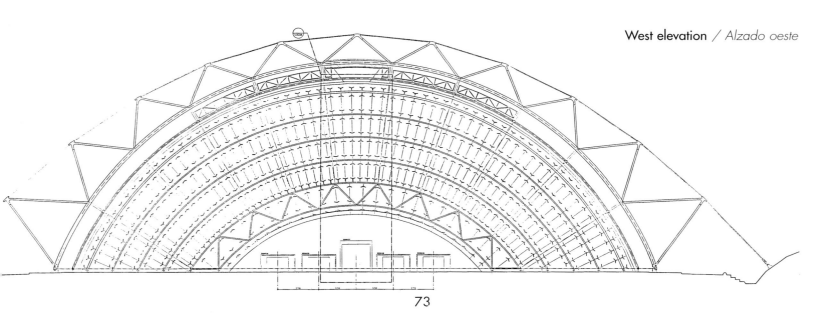

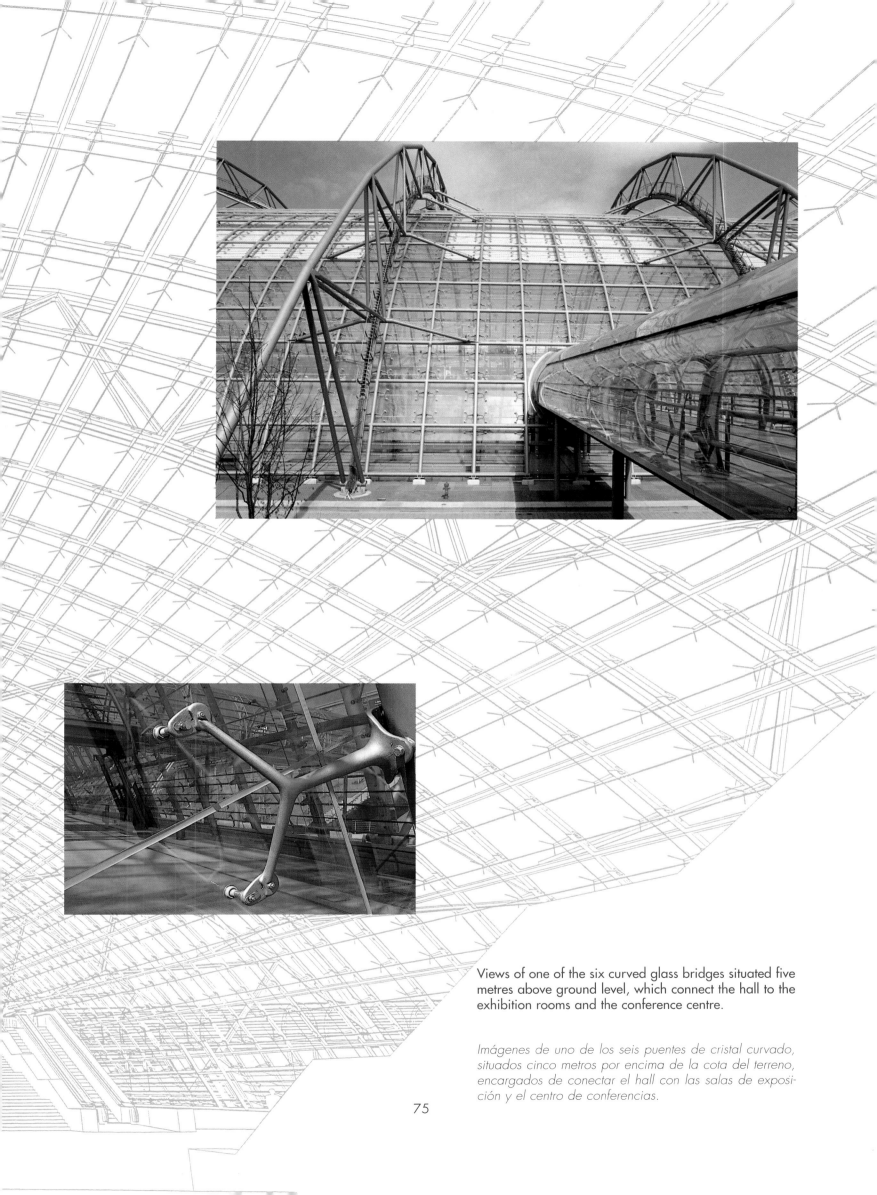

Views of one of the six curved glass bridges situated five metres above ground level, which connect the hall to the exhibition rooms and the conference centre.

Imágenes de uno de los seis puentes de cristal curvado, situados cinco metros por encima de la cota del terreno, encargados de conectar el hall con las salas de exposición y el centro de conferencias.

75

Environmental control is ensured both in summer and winter thanks to a ventilation system on the outer walls and an underfloor heating system.

El control ambiental está garantizado, tanto en verano como en invierno, gracias a un sistema de ventilación perimetral y de calefacción situado bajo el suelo.

Detail of ventilation duct / *Detalle aberturas ventilación*

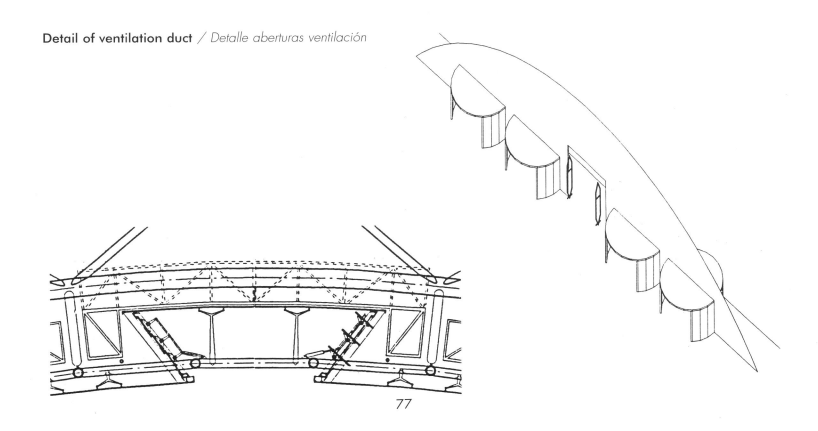

Alfredo ARRIBAS & Joan FONT

Walden Eight (San Just Desvern, Spain) 1997

Walden Eight, owned by the City Council of Barcelona, is the new leisure space located in the old Sansón cement factory in Sant Just Desvern, beside the emblematic Postmodern Walden 7 and the famous architecture studio of Ricardo Bofill. In this conversion, the floor slabs and concrete structures of the old factory have been conserved intact, and are combined with the mainly wooden modern furniture and more gentle forms.

The architect has designed four differentiated spaces in which technological spectacle, surprise and rigour are mixed in a unique and amazing fantasy. Many orifices interrelate the different levels and spaces of the complex in a subtle interplay of corners and nooks. The entrance, designed in the form of a terrace, is situated at the higher level and from here leads to the main hall located in the old silos. This central nucleus has four bars and several dance floors and leads to a third level below, with two more halls. The old subterranean galleries of the factory are used as toilets. The gallery with panoramic views at the pinnacle of the chimney almost 100 metres high is reached by a breathtaking lift with transparent floor and ceiling. The circular restaurant is installed in the metal ring that surrounds the base of the chimney, and gives the impression of being a flying saucer screwed onto the cylinder.

The music club situated in the old silos offers "blue sound", light staircases and high-tech FX in an environment of savage modernity. The catacombs under the building represent a voyage of initiation to the heat of dance through mysterious galleries cut into the stone, impossible recesses of infinite depth and mysterious tunnels. Here we find glass cabins for the go-go dancers, where they seem to dance in the air, and a spectacular sound system that provides high volume whilst respecting the ears of the dancers. In the toilets the walls are formed of water curtains, and the illumination draws one back to remote subterranean worlds.

Walden Eight, que pertenece al ayuntamiento de Barcelona, es el nuevo espacio de ocio situado en la vieja fábrica de cemento Sanson en Sant Just Desvern, al lado del emblemático edifico posmoderno Walden 7 y el famoso estudio de arquitectura de Ricardo Bofill. En esta conversión, los forjados y las estructuras de hormigón de la vieja fábrica se han conservada intactos, y se combinan con los muebles modernos, principalmente de madera, y las formas más suaves.

El arquitecto ha diseñado cuatro espacios diferenciados en los que el espectáculo tecnológico, la sorpresa y el rigor se mezclan en una fantasía única y asombrosa. Muchos orificios interrelacionan los diferentes espacios y niveles del complejo en sutiles juegos de rincones o nichos. La entrada, diseñada en forma de terraza, está ubicada en el nivel superior y desde aquí conduce a la sala principal, situada en los viejos silos. Este núcleo central tiene cuatro barras y varias pistas de baile, y conduce a un tercer nivel inferior, con dos salas más. Las viejas galerías subterráneas de la fábrica se usan como lavabos. A la galería con vistas panorámicas situada en el pináculo de la chimenea —a una altura de casi 100 metros— se accede mediante un ascensor vertiginoso con techo y suelo transparentes. El restaurante circular, situado en el anillo metálico que rodea la base de la chimenea, da la impresión de ser un platillo volante enroscado sobre el cilindro .

El club musical situado en los viejos silos ofrece «sonido azul», escaleras luminosas y FX de alta tecnología en un ambiente de modernidad salvaje. Las catacumbas debajo del edificio representan una travesía de iniciación al calor del baile mediante galerías misteriosas talladas en piedra, nichos imposibles de profundidad infinita, túneles misteriosos. Aquí encontramos las cabinas para las bailarinas go-go, que parecen bailar en el aire, y un espectacular sistema de sonido. En los lavabos, las paredes son cortinas de agua y la iluminación nos transporta a remotos mundos subterráneos.

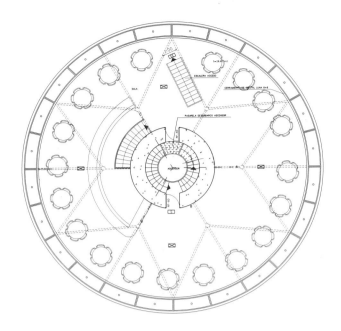

Plans of the restaurant
Plantas del restaurante

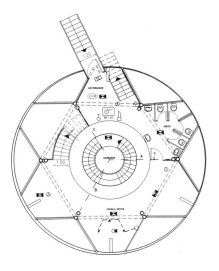

Views of the chimney of the old cement factory on which a concrete platform housing a restaurant and a gallery with spectacular views have been located.

Vistas del exterior de la chimenea de la antigua fábrica de cemento donde se ha ubicado la plataforma de hormigón en la que se encuentra el restaurante-mirador.

81

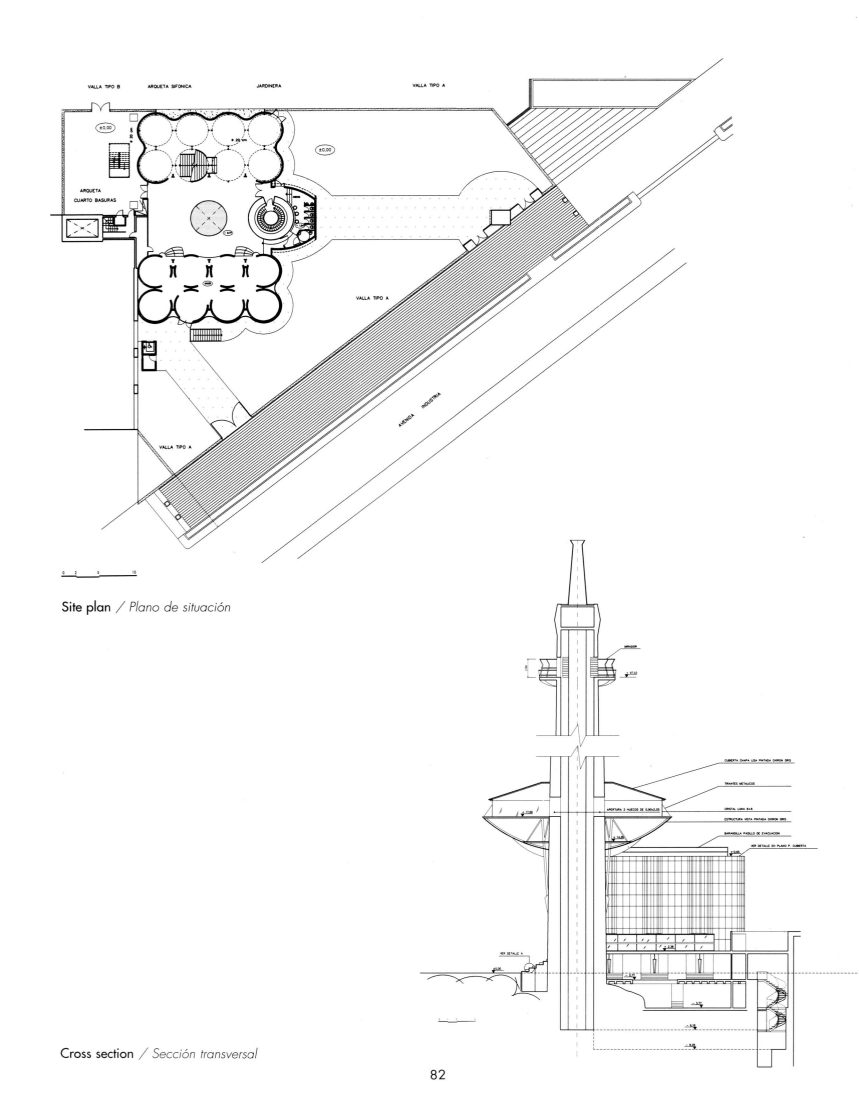

Site plan / *Plano de situación*

Cross section / *Sección transversal*

82

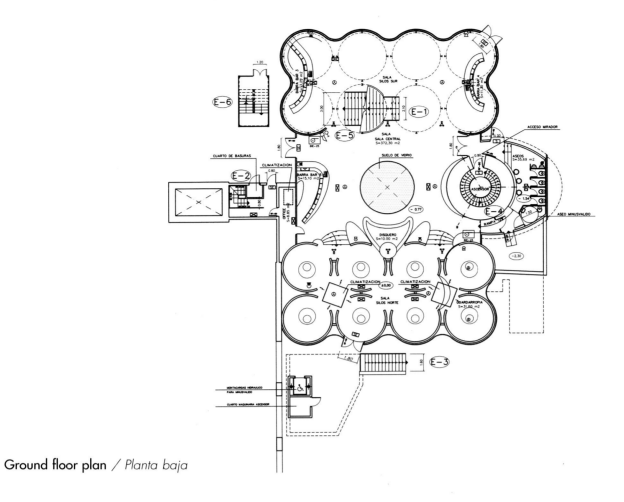

Ground floor plan / *Planta baja*

First basement plan / *Primera planta sótano*

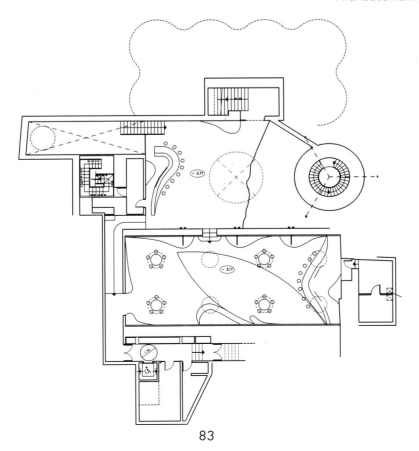

Several views of the area housing the disco-theque. It is situated in the place that was formerly occupied by the silos.

Diversas imágenes del espacio destinado a albergar la discoteca. Ésta se encuentra situada en el lugar que antiguamente ocupaban los silos.

The discotheque was decorated with concentric concrete circles supported by a metal structure. On the right, a view of these circles during the construction.

La discoteca ha sido decorada con círculos concéntricos de hormigón soportado por una estructura metálica. En la fotografía de la derecha, una imagen de estos círculos durante el proceso de construcción.

Second basement plan / *Segunda planta sótano*

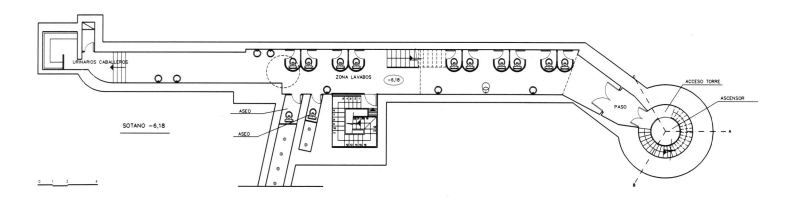

KOHN PEDERSEN FOX Associates

Bismarckstrasse 101 (Berlin, Germany) 1994

The site is on the corner of Weimarer Strasse and Bismarckstrasse, a main boulevard connecting Berlin's east and west centres through the Tiergarten and the Brandenburg Gate, and a prominent commercial zone. The brief was to provide office space over 5 levels with ground floor retail and basement parking. Starting at the line of the adjacent building, the street wall moves outward following a curvilinear path, cantilevers over the corner and returns along the side street. Thus, instead of a narrow front elevation, one longer wall has a presence on Bismarckstrasse.

Floor to ceiling clear glass provides an open vista over the city streets. White aluminium vertical fins arranged on an alternating pattern create opening and closing oblique views as one moves through the space. The design responds to a rigorous planning module with vertical divisions every 1.35m. Every second module contains additional vertical profiles framing operable doors. Horizontal, elliptical spandrel elements (sunshading boxes) and a roof canopy articulate the wall's curvilinear movement.

At the ground floor, a horizontally articulated clear glass shop front also follows a curvilinear path inward at the entry points to create curvilinear interior spaces. At these back-lighted points, laminated glass is used to highlight the entries from across the sheet. The construction detail conceals the tubing behind the horizontal aluminium profiles. The illumination provides a wall of welcoming light, brings the outside to the inside, counterbalanced by the dramatically patinated brass wall opposite.

The objectives were to provide a high quality work environment with individual control at low installation and operating costs, while remaining responsible to the external environment. A supplementary, low-energy ventilation system distributes fresh air from grills in the raised floor, used as a plenum. Recessed floor convectors along the glass facade and panel radiators along the terraces provide heat.

El emplazamiento está situado en la esquina de Weimarer Strasse y Bismarckstrasse, un importante bulevar que conecta el este de Berlín con los centros del oeste a través de Tiergarten y la Puerta de Brandenburgo, con una preeminente zona comercial. El encargo consistía en proporcionar espacio para oficinas en cinco niveles, con una planta baja de venta al detalle y una zona de aparcamiento. Partiendo de la línea del edificio contiguo, el muro de la calle se mueve en el exterior siguiendo un trazo curvilíneo, hace de modillón encima de la esquina y vuelve a lo largo de la calle. De este modo, en vez de una elevación frontal estrecha, se consigue un muro más largo en Bismarckstrasse.

El edificio de techo de cristal proporciona una vista abierta de las calles de la ciudad. Las aletas verticales de aluminio blanco, ordenadas siguiendo un modelo que se alterna, ofrece vistas oblicuas que aparecen y desaparecen al moverse. El diseño responde a un plano riguroso, con divisiones verticales cada 1,35 m. Cada segundo módulo contiene perfiles verticales adicionales enmarcando aberturas practicables. Los parasoles articulan el movimiento curvilíneo del muro en sentido horizontal.

En la planta baja, la fachada de cristal articulado de una tienda también sigue un trazo curvilíneo en los puntos de entrada para crear espacios interiores redondeados. En estos puntos, iluminados por la parte trasera, se utiliza cristal laminado para iluminar las entradas a través de la lámina. El detalle de la construcción oculta las tuberías detrás de los perfiles horizontales de aluminio. La iluminación proporciona un luminoso muro de acogida, lleva el exterior al interior, compensado por el muro de metal pulido opuesto.

El objetivo era el de proporcionar un trabajo ambiental de alta calidad, con control individual con bajos costes de instalación y operación, haciéndose responsables del medio exterior. Un sistema de ventilación suplementario de poca energía distribuye aire fresco desde las rejas de la planta más alta, utilizada así a pleno rendimiento. Los calentadores escondidos a lo largo de la fachada de cristal y los paneles radiadores a lo largo de las terrazas proporcionan el calor necesario.

The building leaves the facade line of the adjoining building and curves round towards the next street.

El edificio arranca de la línea de fachada del edificio adyacente para seguir un movimiento curvilíneo que nos conduce hasta la siguiente calle.

The vertical aluminium partitions give passers-by alternately a sensation of transparency and opacity as they walk.

Si miramos la fachada en escorzo, las particiones verticales de aluminio blanco proporcionan, alternativamente y a medida que nos desplazamos, una sensación de transparencia y opacidad.

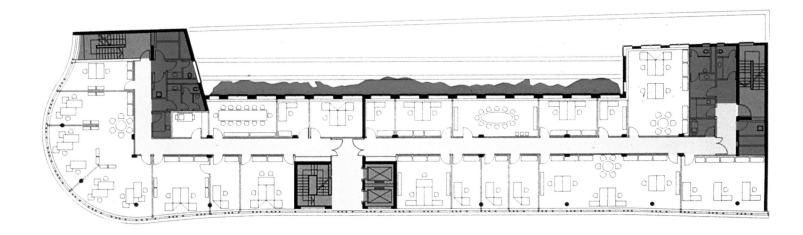

Office layout / *Distribución de la planta de oficinas*

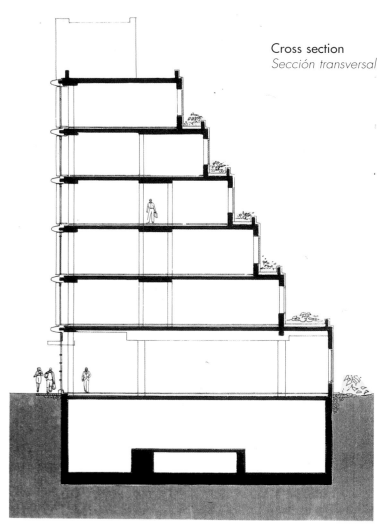

Cross section
Sección transversal

The stepped cross-section of the building at the rear provides a series of terraces with vegetation that add quality to the working environment.

El escalonamiento de la sección del edificio en su parte trasera, proporciona una serie de terrazas con vegetación destinadas a mejorar el entorno de trabajo.

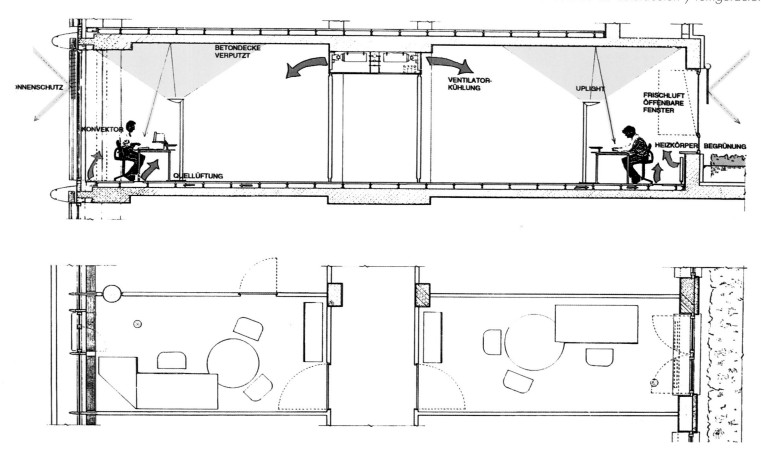

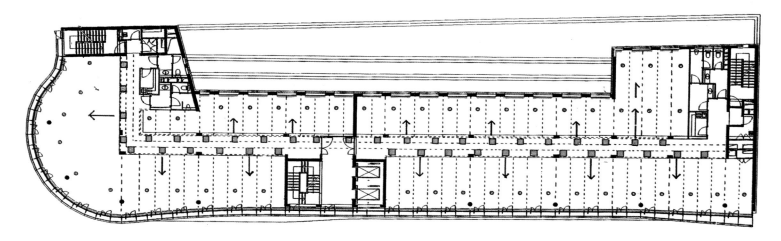

Heating and cooling system / *Sistema de calefacción y refrigeración*

LEGEND:
- - - HEATER
▣ FAN COIL COOLING
○ UNDER-FLOOR AIR VENTILATION
— FLOOR CONVECTOR

The openings follow a strict module of vertical divisions every 1.35 metres. Alternately, every two modules there appears an additional section for the windows that open.

El diseño de las aberturas responde a un riguroso módulo con divisiones verticales cada 1,35 metros. Alternativamente, cada dos módulos, aparece un perfil adicional destinado a las aberturas practicables.

The glazed wall covers the whole height of the facade, and is supported by metal sections with an innovative design.

El cerramiento de cristal abarca toda la altura de la fachada, y se sustenta mediante perfiles metálicos que le proporcionan un diseño innovador.

Richard DATTNER

Hertz Customer Service Facility (Orlando, U.S.A.) 1996

Many visitors to this favoured resort destination form their first impressions from the facility where they pick up their rental car. The million people who annually pass through Hertz's busiest facility in the world at Orlando have their experience made effortless and convenient by efficient circulation and a sophisticated computer system which streamlines the rental and return process. This somewhat heroic movement of vehicles, families, and luggage, takes place in a facility designed to render that process legible, transparent, and welcoming.

Tourists arriving at the Orlando Airport (many now come from overseas) expect an exotic, tropical setting, so both indoor and outdoor areas evoke a man-made, tropical forest offering shelter from the sun and rain. Exterior drop-off and pick-up areas are protected by undulating, flower-like modular fibreglass canopies on metal stems. Forming a distinctive profile from the adjacent highway and from the air, they identify the facility and create a sense of comfort, safety, and welcome for the weary traveller.

Interior transactions take place in a crisp, orthogonal building of metal and glass, clearly visible from the outdoors. The "glass box" housing the four-sided counters and four corner lounges is as open and inviting as the canopies outdoors. The ceiling repeats the forms of the exterior canopies using wood tracery in wave forms around interior columns. The wave is outlined once again in perforated metal screens which form awnings over the counters. The other service buildings on the site utilise the same basic design language of rectangular volumes and wave-form canopies.

Site, buildings, and equipment are a "machine" which can daily process 2,500 cars, while providing a memorable and appropriate environment for the families renting them and a comfortable and safe work setting for the Hertz staff. The transparency of the glass building and the regularity of the modular canopies attempt to create an orderly oasis in the visual clutter characterising so much of roadside America.

Muchos visitantes de este destino preferido por el turismo forman sus primeras impresiones en la instalación donde recogen su automóvil de alquiler. Para los millones de personas que pasan anualmente por el local de Hertz en Orlando, que es el más frecuentado del mundo, la experiencia resulta cómoda y relajada debido a la circulación eficiente y a un sistema informático sofisticado que agiliza el proceso de alquiler y devolución de coches. Este tránsito intenso de vehículos, familias, y equipaje tiene lugar en una instalación diseñada para hacer que este proceso sea legible, transparente, y acogedor.

Los turistas que llegan al Aeropuerto de Orlando (muchos ahora llegan desde el extranjero) esperan un entorno tropical y exótico, de modo que tanto las áreas internas como externas evocan un bosque tropical artificial que ofrece protección del sol y de la lluvia. Las zonas exteriores de entrega y recogida están protegidas mediante porches modulares de fibra de vidrio sobre pilares metálicos que tienen forma de flores. Presentando un perfil distintivo desde la carretera adyacente y desde el aire, estos porches identifican el local y crean un sentido de comodidad, seguridad, y bienvenida para los cansados viajeros.

Las transacciones internas tienen lugar en un limpio edificio ortogonal de metal y vidrio, claramente visible desde fuera. La «caja de cristal» que aloja los mostradores cuadrados y cuatro salas en los ángulos es tan abierta y acogedora como los porches del exterior. El techo repite las formas de los porches mediante una tracería de madera en forma de olas alrededor de columnas internas. La ola se presenta otra vez en las pantallas de metal perforado que forman marquesinas sobre los mostradores. Los otros edificios de servicio como el lavado de automóviles, la gasolinera y los equipamientos para los empleados utilizan el mismo lenguaje básico de diseño de volúmenes rectangulares y marquesinas con formas de olas.

El solar, los edificios y las instalaciones constituyen una «máquina» que puede procesar diariamente 2.500 automóviles, a la vez que proporciona un ambiente representativo y apropiado para las familias que los alquilan y un ambiente cómodo y seguro de trabajo para el personal de Hertz. La diafanidad del edificio de vidrio y la regularidad de los porches modulares pretende crear un oasis ordenado dentro de la confusión visual que caracteriza tantas zonas a pie de carretera en Estados Unidos.

The reception bay is protected by undulating modules of fibreglass supported by a structure of metal pillars.

El área de apeo se encuentra protegida por módulos ondulantes de fibra de vidrio sustentados mediante una estructura de pilares metálicos.

The undulating modules help to identify the facility unequivocally and to create a sensation of comfort and safety for users.

Los módulos ondulantes ayudan a identificar de forma inequívoca el equipamiento y a crear una sensación de confort y seguridad en los usuarios.

Site plan / *Plano de emplazamiento*

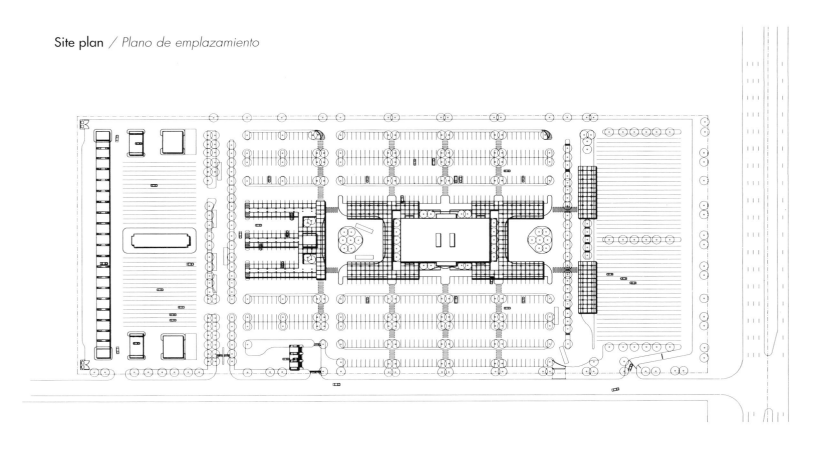

0 20' 50'   100'

N

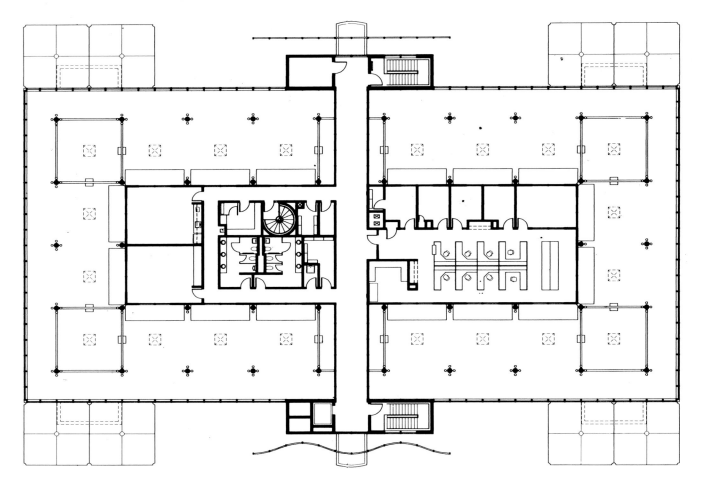

Second floor plan / *Segunda planta*   First floor plan / *Primera planta*

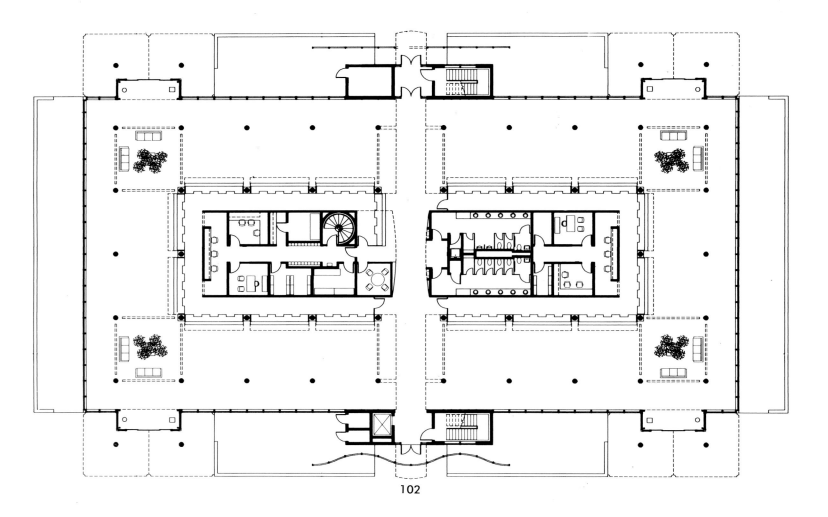

All the commercial operations are performed inside an orthogonal building with a transparent glass facade and metal structural work.

Todas las operaciones comerciales se realizan en el interior de un edificio ortogonal con fachada de cristal transparente y carpintería metálica.

103

Inside the main building, the roof repeats the undulating line of the canopies on the outside, in this case using wood elements.

En el interior del edificio principal, el techo repite el trazado ondulante de las marquesinas exteriores utilizando, en este caso, elementos de madera.

Section EE / *Sección EE*

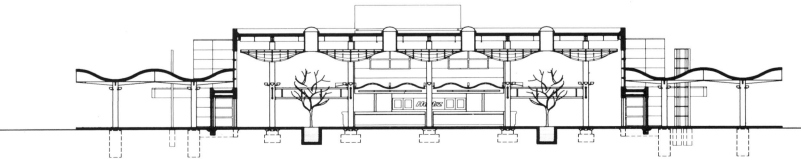

Section BB / Sección BB

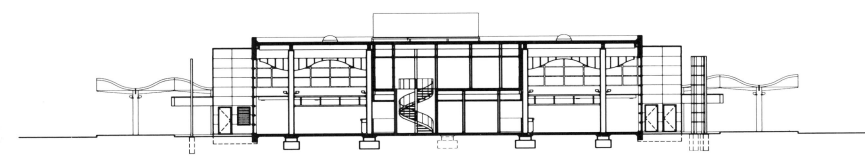

Margaret HELFAND Architects

Time Out New York (New York, U.S.A.) 1995

The program of this 10,000 square foot loft space in downtown Manhattan is to provide work space for an electronically published weekly magazine of arts and entertainment listings, allowing for flexible working groups with smaller private working and meeting areas

The unusual time and budget constraints for this start-up enterprise necessitated a combined design and construction schedule of twelve weeks at a cost of $27/sqf for construction and furnishings.

Planes of translucent corrugated fibreglass panels and multioriented strand board partitions stained with bronze and aluminium dust are the elements dividing and defining the functions of the space. 70 computer work stations made of composite panels of oriented strand board and Tectum tack surface create flexible groupings. Private offices at several perimeter locations allow light transmission to the interior through fibreglass partitions and accommodate small meetings and computer workspace with triangular corner desks and trapezoidal tables built with panels of oriented strand board. The requirements for air, light and networking developed into elements of informal geometry as in the triangular duct, datum of fluorescent lights and raceways of voicedata conduits which criss-cross over the freeform geometry of the plan.

El programa de este desván de 10.000 pies cuadrados en el centro de Manhattan consiste en crear un espacio de trabajo para una revista semanal de artes y espectáculos publicada electrónicamente, permitiendo grupos de trabajo flexibles con pequeñas áreas privadas de trabajo y zonas de encuentro.

Las grandes limitaciones de presupuesto y de tiempo de esta empresa de nueva formación impusieron un plazo de diseño y construcción de doce semanas a un coste de 27 dólares por pie cuadrado para la construcción y el mobiliario.

Planos de paneles translúcidos de fibra de vidrio ondulados y tabiques de tablero de fibras multiorientadas teñidos con polvo de bronce y aluminio forman los elementos que dividen y definen las funciones del espacio. Las estaciones de trabajo para 70 personas, formadas por paneles de tablero de fibras orientadas y superficies Tectum tack crean agrupaciones flexibles. Unos despachos privados en varias ubicaciones del perímetro permiten que la luz penetre en el interior mediante mamparas de fibra de vidrio y se destinan a realizar pequeñas reuniones con espacios para ordenadores, mesas triangulares de ángulo y otras trapezoidales construidas con paneles de tablero de fibras orientadas. Los requerimientos de aire, luz y comunicación se tradujeron en elementos de geometría informal como en el conducto triangular, los tubos fluorescentes y los conductos de palabras-datos que se entrecruzan sobre la libre geometría del plano.

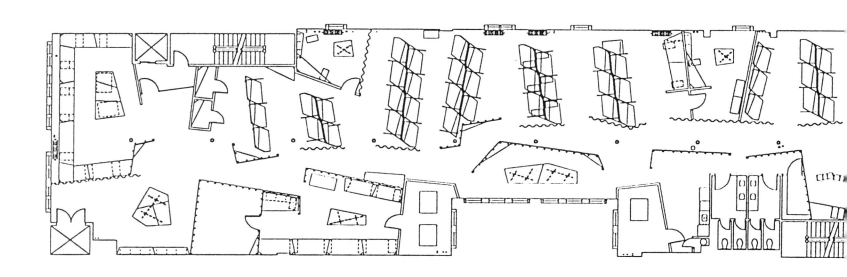

Floor plan / *Planta*

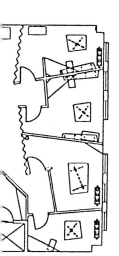

Light penetrates the central zones through a system of interior fibre-glass partitions.

La luz penetra en las zonas centrales del local mediante un sistema de particiones interiores de fibra de vidrio.

Up to seventy computer terminals can be located in the central zone, whereas the private offices are located in the outer zone.

La distribución del local consigue conectar hasta setenta terminales de ordenador ubicadas en la zona central mientras las oficinas privadas se sitúan en la zona perimetral.

111

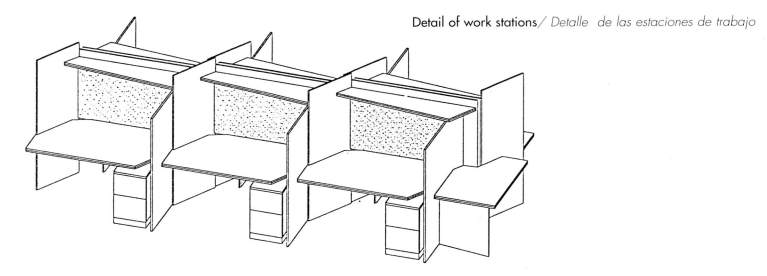

The computer work stations are made of composite panels that create flexible groupings.

Las estaciones de trabajo para los ordenadores, constituyen un módulo unitario fácilmente agrupable.

As can be seen on this page, practically the whole of the furniture has been made with composite wood panels.

Tal como se aprecia en las imágenes de esta página, prácticamente la totalidad del mobiliario ha sido realizado con paneles de madera conglomerada.

113

Klaus BÜRGER

Café Cult (Frankfurt, Germany) 1992
Rosenapotheke (Berlin, Germany) 1992

The Café Cult maintains the mall's function as an inner city courtyard. It is a combination of café and bistro, in which art and leisure, restaurant and theatre, are incorporated into a two-level space, providing the perfect meeting place for stockbrokers and their business colleagues.

Directly behind the glass and steel atrium that forms the entrance zone, a recessed seating area cuts into the greenish-blue rounded wall. Right next to it an oak bar draws an elegant sweeping curve into the main space. Behind this section a long bench frames the restaurant zone. Those seeking a cosier atmosphere can settle in the green armchairs deployed around a series of card tables and watch the goings-on outside. Access to the cabaret theatre and Broadway Bar on the lower level is via a black stone staircase with gold-leaf finish walls that give the atmosphere of an elegant theatre lobby. The lower level comprises a small stage and multifunctional space that can accommodate shows, plays, concerts and readings.

The new Rosenapotheke chemist's sparkles like a jewel in a desert of stones attracting the attention of passers-by. Twenty to thirty people can frequently be found shopping in the almost 450 square metre space, whose openness is reminiscent of a hotel lobby.

The generously formed alder wood counter with its dark African wood inlays sweeps through the sales space. The walls have received a special finish in blue-green tones. The intensive blue of the shelf units, lower storage units and counter-tops adding a positive splash of colour contrast. The room supports have been painted red, those in the centre of the space having received a lens-shaped perforated metal shield, which is illuminated from behind. The design of the shop window is a curved wooden element with shelves on the exterior side and a long seat made of perforated metal and wood on the interior side.

El Café Cult mantiene la función de las galerías como un patio urbano interior. Es una combinación de café y bistro, en la que arte y ocio, restaurante y teatro, se incorporan en un espacio de dos niveles, proporcionando un lugar perfecto de encuentro para los corredores de bolsa y sus colegas.

Directamente detrás del atrio de acero y vidrio que forma la sección de entrada, una zona retranqueada con asientos secciona la pared curvada de color verde-azulado. A su lado, una barra de roble dibuja una elegante curva en el espacio principal. Detrás de esta zona, un largo banco forma el marco del comedor. Para un ambiente más íntimo se pueden elegir los sillones verdes colocados alrededor de una serie de mesas de juego y contemplar la actividad de la calle. Se accede al teatro-cabaret y al Broadway Bar por el nivel inferior mediante una escalera de piedra negra con paredes de color dorado que dan la impresión de un elegante ambiente de teatro. El nivel inferior comprende un pequeño escenario y un espacio multifuncional que puede usarse para espectáculos, obras de teatro, conciertos y lecturas.

La nueva farmacia Rosenapotheke brilla como una joya en medio de un desierto de piedra, atrayendo las miradas de los transeúntes. Con frecuencia pueden encontrarse veinte o treinta personas comprando en los casi 450 metros cuadrados que forman el local, cuya abertura recuerda el vestíbulo de un hotel.

El generoso mostrador de madera oscura africana barre, de lado a lado, el espacio destinado a la venta. Las paredes han recibido un acabado especial realizado en tonos azul-verdosos. El azul intenso de las estanterías, las unidades de almacenamiento y los mostradores añade un punto de color que contrasta positivamente. Los soportes del local se han pintado de color rojo, y aquellos situados en el centro del mismo han recibido una capa protectora de metal perforado en forma de lente que se ilumina desde atrás. El diseño del escaparate consiste en un elemento curvado de madera con estanterías en la parte que mira hacia el exterior y un largo asiento de metal perforado y madera en el lado que mira hacia el interior.

Basement floor plan / *Planta sótano*

0 1 2 4

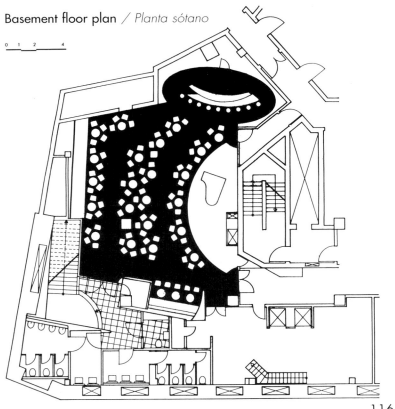

Ground floor plan / *Planta baja*

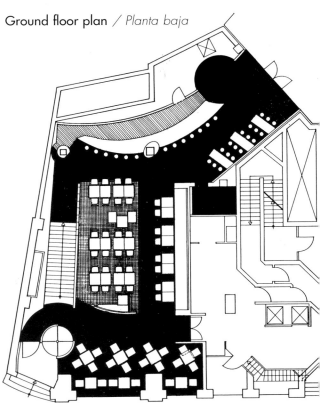

View of the entrance zone of Café
Cult. This is the starting point for a
blue-green curved wall.

*Imágenes de la zona de entrada al
Café Cult. Éste es el punto a partir
del cual arranca un muro curvado de
color azul-verdoso.*

118

The access to the theatre-cabaret and the Broadway Bar, situated on the lower floor, is by an elegant staircase finished in dark-coloured natural stone.

El acceso al teatro - cabaret y al bar Broadway, situados en la planta inferior, se realiza a través de una elegante escalera revestida de piedra natural oscura.

Rosenapotheke

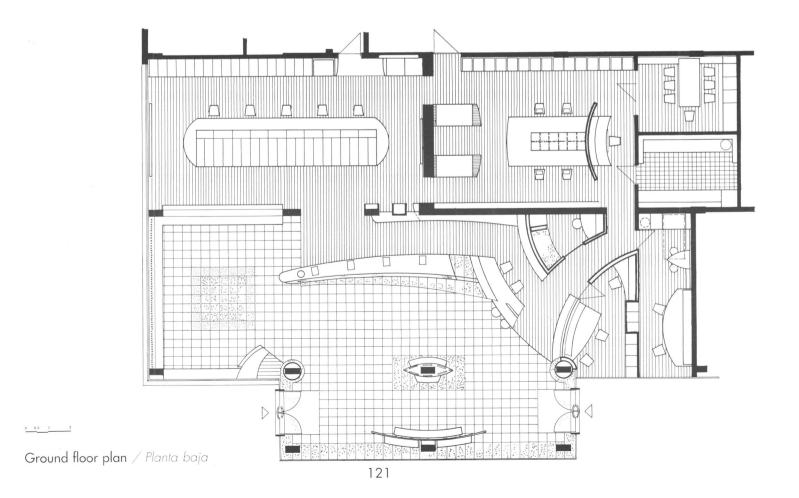

Ground floor plan / *Planta baja*

Detail of the central exhibition zone, with shelves painted bright blue. The sensation of contrast is accentuated when it is illuminated from the interior.

Detalle de la zona central de exposición, con estanterías pintadas de un color azul intenso. La sensación de contraste se acentúa cuando se ilumina desde el interior.

122

The continuous paving of white terrazo is locally interrupted by "patches" of blue-stained glass or wood.

El pavimento continuo de terrazo blanco queda localmente interrumpido por "parches" de cristal azulado y un revestimiento de madera.

Ron ARAD Associates

Belgo Centraal (London, U.K.) 1995

The "Belgian" restaurant concept rehearsed in Chalk Farm has now moved to the West End, this time with triple capacity, a sidewalk cafe, beer store and offices. This project makes the glistening engine of the restaurant - the kitchen - into a spectacle of space, light, machinery and action that can be seen and heard not only from the street outside but from the farthest reaches of the restaurant.

The scheme inhabits a vast vaulted warehouse basement on a wedge-shaped site, bisected by a three storey entrance zone. By removing two of the vaults in a three-vault bay, the remaining vault creates a "bridge" between two new entrances. The bridge thus crosses a new vertical shaft of space perpendicular to a 60m-long avenue of columns crossing the restaurant below. The bridge is open on each side to the steaming kitchen below and offices above, while concealing miles of duct and pipework within it's belly. From the bridge, one descends to the restaurant in an industrial scissor lift that is brightly back-lit so that the scissor mechanism, mesh cladding and entering customers make a slow-motion kinetic silhouette as it operates. At the restaurant level a glazed serving counter spans a third of the 60m avenue, separating the open kitchen space from customers and visually connecting two dining halls.

The long kitchen counter displays its huge stock of dishes and pots like an etched glass vitrine; this horizontal beam of light leads to the two vaulted dining halls where reflecting copper clad "pods" conceal humble dishwashers; in the beer hall, "hills" of rolled aluminium connect long benches and separate the backs of diners while the restaurant side has free-standing banquette "islands" for privacy seekers. London's first communal w.c. has been compacted into a free-standing serrated aluminium structure attended by a communal wash basin; finally, each dining hall has a 12m-long bar dispensing Belgian brew from barrels visible behind sliding mesh panels.

El concepto de restaurante belga ensayado en Chalk Farm se ha trasladado al West End, esta vez con triple capacidad: café al aire libre, almacén de cerveza y oficinas. Este proyecto hace de la máquina reluciente del restaurante –la cocina– un espectáculo de espacio, luz, maquinaria y acción que puede verse y oírse no solamente desde la calle sino desde las partes más distantes del restaurante.

El proyecto ocupa un antiguo almacén situado en un enorme sótano abovedado sobre un solar en forma de cuña, biseccionado por una zona de entrada de tres pisos de altura. Eliminando dos de las bóvedas en una crujía de tres, la nueva bóveda crea un «puente» entre dos nuevas entradas. Así, el puente cruza un nuevo hueco vertical, perpendicular a una larga avenida de columnas de 60 m de largo que cruza el restaurante por el nivel inferior. El puente se abre a cada lado sobre la vaporosa cocina en el nivel inferior y sobre las oficinas en el superior, a la vez que oculta muchos kilómetros de conductos y tuberías en su interior. Desde el puente, se desciende al restaurante mediante un ascensor industrial de tijera iluminado desde atrás, de forma que el mecanismo de tijera, el revestimiento de malla y los clientes que entran en el restaurante forman una silueta cinética con efecto de cámara lenta. Al nivel del restaurante, un mostrador de servicio acristalado cubre la tercera parte de los 60 m de la avenida, separando el espacio abierto de la cocina de los clientes y conectando visualmente dos comedores.

El mostrador de servicio de la cocina exhibe su enorme surtido de platos y ollas como una vitrina de cristal grabado; este haz de luz horizontal conduce a los dos comedores abovedados donde «vainas» de cobre reflectante ocultan los humildes lavaplatos; en la cervecería, «las colinas» de aluminio laminado conectan unos largos bancos y separan a los comensales, mientras que el comedor tiene «islas» autónomas de banquetas para los que buscan intimidad. El primer w.c. comunal de Londres se ha encajado en una estructura autónoma de aluminio dentado con lavabo comunal. Finalmente, cada comedor tiene una barra de 12 m de largo que sirve cerveza belga desde barriles visibles detrás de paneles deslizantes de malla.

In the top photograph, view of the bridge connecting the two entrances. From here, an industrial lift descends to the restaurant.

En la fotografía superior, imagen del puente que une las dos entradas. Desde este punto se desciende al restaurante mediante un ascensor industrial.

The individual tables are separated by curved aluminium screens providing a certain amount of privacy.

Las mesas individuales se encuentran separadas entre sí mediante muros divisorios de aluminio curvado que garantizan un mínimo grado de privacidad.

Longitudinal section through the restaurant / *Sección longitudinal a través del restaurante*

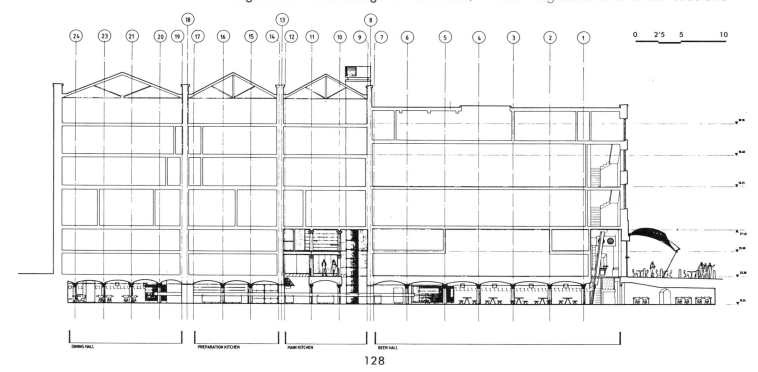

DINING HALL   PREPARATION KITCHEN   MAIN KITCHEN   BEER HALL

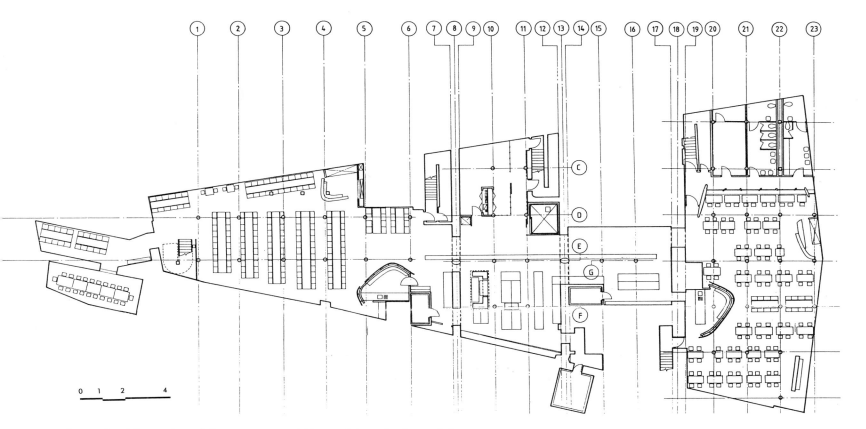

Lower level floor plan of the restaurant / *Planta del nivel inferior del restaurante*

The photograph on the right shows the long tables around which one section of the restaurant is organized.

En la fotografía de la derecha, imagen de las largas mesas alrededor de las cuales se organiza una parte del restaurante.

129

The project succeeds in making the kitchen into the hub
of the whole restaurant, which is thus transformed into
a spatial phenomenon bathed in light.

El proyecto logra convertir la cocina en el centro alrede-
dor del cual gira todo el restaurante, transformándolo de
esta forma en un espectáculo espacial lleno de luz.

Aluminium is one of the main building materials used in the Belgo restaurant. It has a whole series of functions, in everything from structural elements to furnishings.

El aluminio ha sido uno de los materiales predominantes en la construcción del restaurante Belgo. Su utilización abarca algunos elementos estructurales e incluso forma parte integrante del mobiliario.

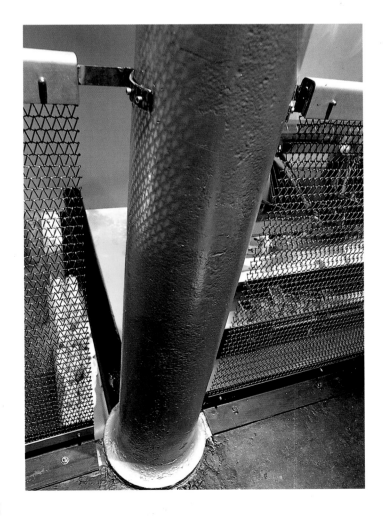

131

Kazuyo SEJIMA & Associates

Pachinko Parlor III (Hitachi Ohta, Japan) 1996

This is a commercial project for the same client as the earlier projects Pachinko Parlor I and Pachinko Parlor II. Pachinko Parlor I was a multipurpose building containing rental space as well as game space. Parlor II was an addition to serve as an entrance hall and rest area. Pachinko Parlor III is a design for the Pachinko facility itself. The site of this building is a large highway-side lot typical of any provincial suburb. The surrounding sites are occupied by square volumes indistinguishable from one another except for the signs indicating the names of the discount shops and storage companies they contain. These are set like islands in the middle of the lot.

There was ample space on the site, and in light of the character of pachinko parlors, every kind of shape for the volume was taken into consideration. However, in the end, we felt that with its site and function, the more unusual the shape is, the more it would expose the fact that it was merely one variation among a great number of possible shapes. An entirely ordinary rectangular form was settled on, naturally resulting from the predetermined arrangement of rows of pachinko machines, bending slightly in front to follow the curvature of the road it faces. The design places the usual pachinko hall, prize corner and offices in a line on one level. The office has been separated from the other spaces by bending a single slab. This resulted in the creation of a rest space above the slab with a gently-inclined floor.

Se trata del proyecto de un centro comercial para el mismo cliente de los proyectos anteriores –Pachinko Parlor I y Pachinko Parlor II–. Pachinko Parlor I era un edificio multifuncional que contenía espacios para arrendar y zonas de juego. Parlor II se añadió como edificio de accesos y área de descanso. Pachinko Parlor III es una nueva obra a añadir en las instalaciones de Pachinko. El emplazamiento es un gran solar aledaño a una carretera, típico de cualquier extrarradio urbano. Los alrededores están ocupados por volúmenes cuadrados indistinguibles los unos de los otros excepto por los signos que indican el nombre de las tiendas y de los almacenes. Todos ellos están situados como islas en medio de cada solar.

El espacio con que se contaba era amplio, y tomando como punto de partida las características de Pachinko Parlors, se tomaron en consideración todo tipo de formas. Sin embargo, finalmente se decidió que cuanto más inusual fuese la forma tanto más evidenciaría que se trataba de una variante más entre un gran número de formas posibles. Ésta quedó fijada a partir del rectángulo que deriva naturalmente de la previa distribución de las hileras de los edificios, pero ligeramente combada en el frente para seguir la curvatura de la calle. En sección, el proyecto sitúa la sala de Pachinko, la esquina de premios y las oficinas alineados en un solo nivel. La zona de oficinas se ha separado del resto de los espacios mediante un forjado inclinado. Esto dio como resultado la creación de un espacio de descanso para los usuarios sobre el forjado, con el suelo ligeramente inclinado.

The building has been placed as a monolithic volume in the middle of the site. It thus corresponds perfectly to the building type of any suburb near to a motorway.

El local se ha dispuesto como volumen monolítico situado en medio del solar. Así pues, se corresponde perfectamente con la tipología constructiva de cualquier suburbio cercano a una autopista.

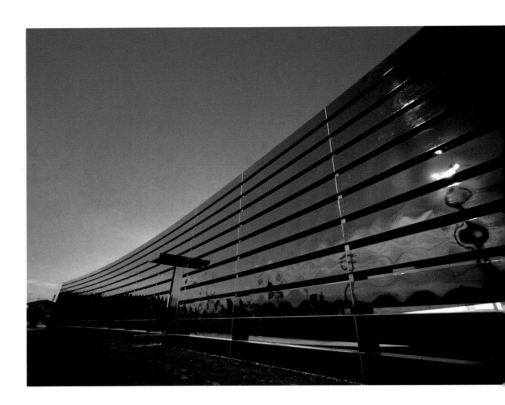

Elevation at night / *Alzado de noche*

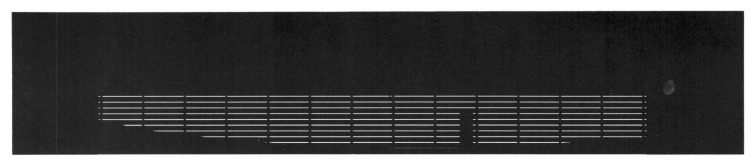

The powerful image transmitted by the facade acts as a visual advertisement and differentiates the building from the impersonal volumes that surround it.

La impactante imagen que transmite la fachada actúa como reclamo visual y permite a su vez diferenciar el local del resto de volúmenes impersonales que lo rodean.

The rectangular ground plan of the building is only modified to adapt to the line of the street at the front.

La planta rectangular del edificio únicamente modifica su forma para adaptarse al trazado de la calle que tiene delante.

East elevation / *Alzado este*

Cross section / *Sección transversal*

0 1 2 4

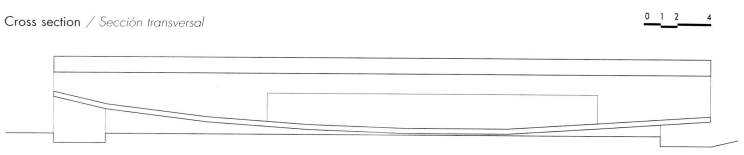

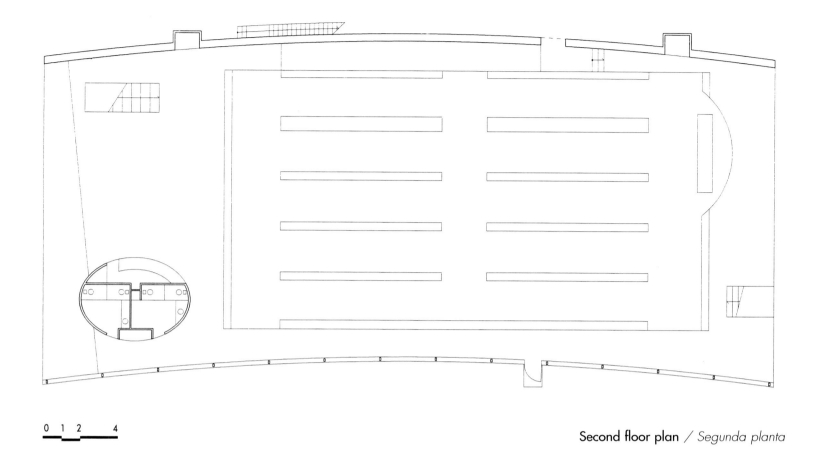

0 1 2 4

Second floor plan / *Segunda planta*

First floor plan / *Primera planta*

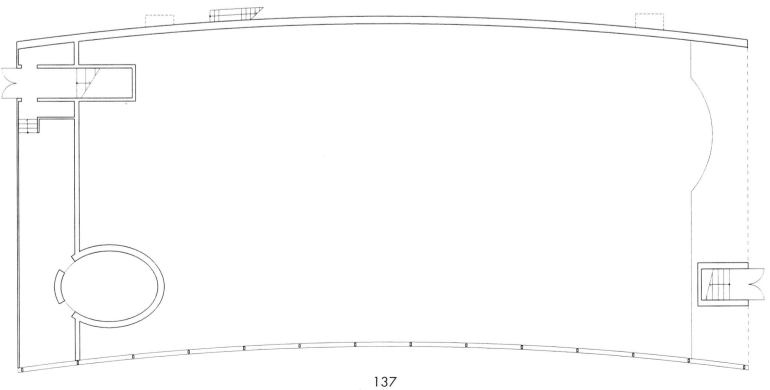

137

The formal language used in the finishes is closely related to the activity that goes on inside.

El lenguaje formal con que se han tratado los acabados del local se encuentra estrechamente relacionado con la actividad que se realiza en su interior.

139

Different views of the rest area for users. This is situated on a slightly sloping floor slab.

Distintas imágenes de la zona de descanso destinada a los usuarios. Ésta reposa sobre un forjado ligeramente inclinado.

Peter HAIMERL

Atelier Mimesis (Munich, Germany) 1993

The aim of the architect was to create a virulent space for inspiration exchange and interaction based on an image from the artist's childhood: playground, tent, circus. The programme is light, flexible and active. A system with a great number of possible variations strengthens the individual expression. Planning was kept to a minimum. Discussions and feedback by fax replaced work planning and calculations.

The scheme consists of 4000 m2 of dense vegetation, a ready made house and a wooden barn encircled by single standing houses. The volume, house, barn and trees are concentrated on the northern part of the site creating series of in-between spaces. The volume consists of a 3-D workshop, a 3-D exhibition "Bau" and a sanitary cell.

Scaffolding elements are the basic skeleton of the workshop. The exhibition "Bau" is put together from module frames by a crane. Pneumatic pillows filled with air form the exhibition façade and the roof of the studio. Light sandwich plates of aluminium form continuous wall, ceiling or floor surfaces. Standardized garage doors on three levels allow flow. Mobile walls close off the inner area of the workshop. A tail gate opens at the rear of the exhibition.

The volumes can be altered and added to. Rooms can be closed or opened, appear transparent or hermetic, be dense or empty. Extra elements articulate expansion. Textile materials protect the conquered outside space. Construction elements can penetrate into existing structures.

To reduce costs firms were asked for direct support and sponsoring. A fertile exchange developed, in which experimentation was possible. New concepts and materials were invented and improved upon and an identification with the idea and object developed. In the absence of any regular architectural office, the tasks were carried out within a network, including various firms, and in several suitable locations, particulary at the construction site where the neighbours plant trees.

El objetivo del arquitecto ha sido crear un espacio provocador para la inspiración, la interacción y el intercambio basado en una imagen de la infancia del artista: patio de recreo, carpa, circo. El programa es ligero, flexible y activo. Un sistema con un gran número de variaciones posibles fortalece la expresión individual. Los planes previos se han limitado al mínimo. En vez de planificación y cálculos de la obra se realizaron intercambios de ideas por fax.

El proyecto consiste de 4000 m2 de vegetación densa, una casa prefabricada y una nave de madera rodeadas de casas individuales. El volumen, la casa, la nave y los árboles se concentran en la parte norte del solar y crean una serie de espacios intermedios. El volumen consiste de un taller tridimensional, un Bau de exposiciones tridimensional y una célula sanitaria.

Los elementos de andamiaje forman el esqueleto básico del taller. El Bau de exposiciones se construye a partir de módulos colocados mediante grúa. Unas almohadas neumáticas llenas de aire forman la fachada de la exposición y la cubierta del estudio. Placas de aluminio tipo sandwich forman las superficies continuas de las paredes, los techos y los suelos. Unas puertas de garaje de tipo convencional en tres niveles permiten la circulación. Las paredes móviles cierran la zona interior del taller. Una puerta de apertura vertical se abre al fondo de la exposición.

Los volúmenes pueden modificarse y se pueden añadir elementos. Las salas pueden cerrarse o abrirse, tener un aspecto transparente o hermético, ser densas o vacías. Los elementos añadidos articulan la expansión. Materiales textiles protegen el espacio conquistado del exterior. Los elementos de construcción pueden penetrar las estructuras existentes.

Para reducir costes se pidió a las empresas que dieran apoyo directo o patrocinio. Se desarrolló un intercambio fértil que posibilitó la experimentación. Se inventaron y se perfeccionaron nuevos conceptos y materiales y se desarrolló una identificación con la idea y el objeto. Por la ausencia de un estudio arquitectónico convencional, las tareas se realizaron dentro de una red, incluyendo varias empresas, y en varias ubicaciones apropiadas, especialmente en obra. Los vecinos mismos plantaron los árboles.

The continuous enclosure walling, the floor and the roof were built using light aluminium sandwich panels.

Tanto los cerramientos continuos como el suelo y la cubierta han sido construidos mediante ligeros paneles tipo sandwich de aluminio.

144

On this page, several views of the light and transparent facade. On the following page, the gate leading to the rear part of the exhibition room.

En esta página, diversas imágenes de la ligera y transparente fachada. En la página siguiente es posible apreciar el portón que abre la parte posterior de la sala de exhibiciones.

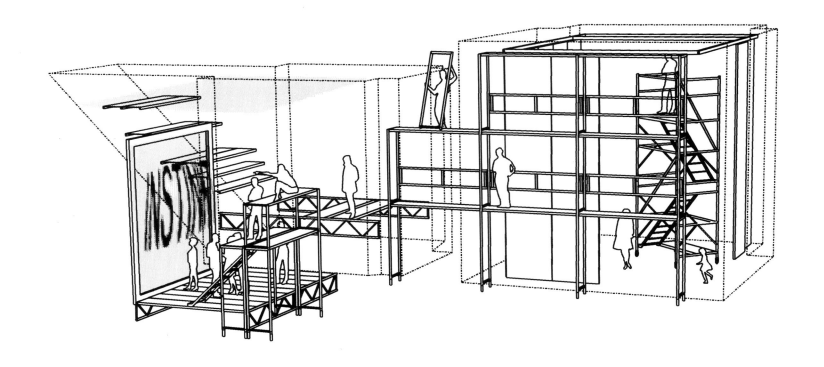

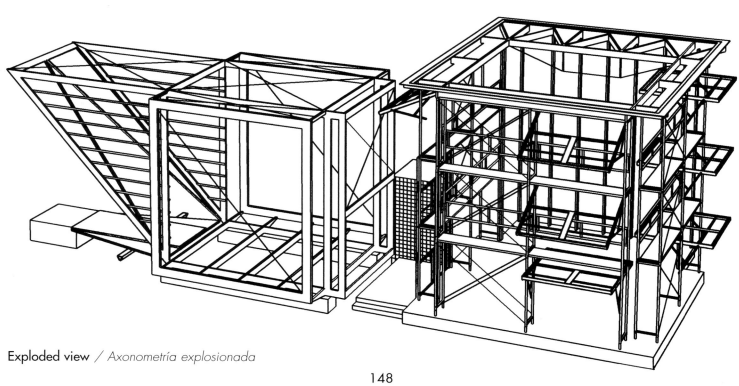

Exploded view / *Axonometría explosionada*

Axonometric view in cross section / *Axonometría seccionada*

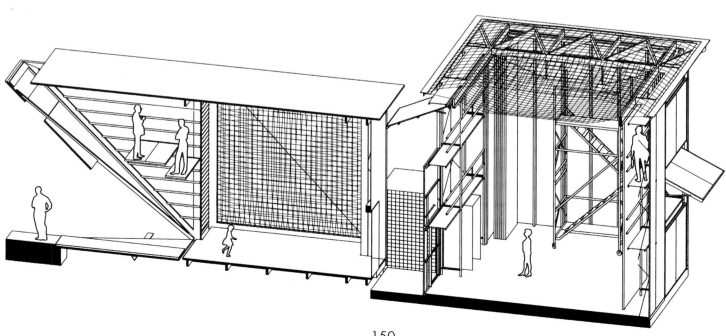

150

Floor plan
Planta

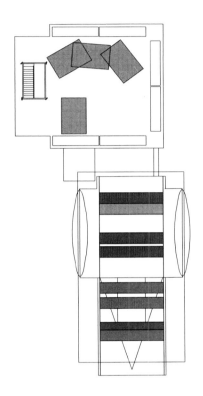

151

Patrick GENARD & Associates

Quars Megastore (Andorra la Vella, Andorra) 1997

This scheme is in down-town Andorra, on a small elongated plot between the river and a new avenue that is to connect the low and high parts of the city.

The building is structured by means of a forceful diagonal that articulates the circulation nucleus with the rest of the ground plan, which is totally free. The lower part houses a megastore on several half-levels. It is treated as a completely transparent large glass box enclosed in a glass skin that is secured by a planar system to a series of metal posts that also support the signs, sun protection and fish-tank windows. The sharp-edged floor slabs contained between the two circulation nuclei hang from a series of porticoes of forceful exposed concrete columns, allowing views into the heart of the shopping centre.

The four upper floors and the attic are entirely devoted to offices, and may be used in open plan or divided into independent modules by partitions that follow the geometry of the scheme. Surrounded by a teak terrace, the attic offers a panoramic view of the mountains. Finally, breaking with the curves, the slate roof completes the building with its interplay of articulated prisms.

The facade facing the river is of alternating strips of polished and flame-patterned granite perforated with horizontal windows, and the curve of its glazed corner is protected by many aluminium brise-soleils. At the other end, the granite wall ends in a triangular prism.

The duality of the building is expressed in several ways. The solid north facade contrasts with the transparence of the south facade; the expansive horizontal treatment of the main mass contrasts with the set-back base and attic; and the angular nature of the granite wall contrasts with the sensual curves of the glass curtain. The project is thus essentially an attempt to integrate polarities in order to reach a harmonious whole in which opposites are conjugated, come together and approach each other.

Este proyecto se eleva en pleno *down-town* de Andorra, sobre un terreno exiguo y alargado entre el río y una avenida de nueva creación que debe conectar las partes baja y alta de la ciudad.

El edificio se estructura a través de una potente diagonal que articula el núcleo de circulación con el resto de la planta, totalmente libre. La parte baja alberga un megastore sobre varios niveles intermedios. Esta planta está tratada como una gran caja de cristal completamente transparente cerrada por una piel de cristal, agrapada mediante fijaciones *plannar* a una serie de postes metálicos que sirven tambien de soportes para los rótulos, protecciones solares y vitrinas-peceras. Los afilados forjados contenidos entre los dos núcleos de circulación cuelgan de una serie de pórticos de potentes columnas de hormigón visto, dejando que la vista penetre hasta lo más profundo del espacio comercial.

Enteramente dedicados a oficinas, las cuatro plantas y el ático pueden ser usados en planta libre o dividirse en módulos independientes mediante particiones que siguen la geometría del proyecto. Rodeado por una terraza de teca, el ático ofrece una vista panorámica sobre las montañas. Finalmente, rompiendo con las curvas, la cobertura de pizarra remata, con su juego de prismas articulados, el edificio.

Éste presenta, cara al río, una larga fachada de granito (colocado alternativamente en bandas pulidas y flameadas) perforada con ventanas horizontales, y la curva de su cháflán acristalado protegido mediante numerosos *brise-soleil* de aluminio. Al otro extremo, la pared de granito acaba en forma de prisma triangular.

El diseño es sobre todo un intento de integración de polaridades hasta llegar a un todo armónico. Este proyecto pone en escena algunos pares antagónicos: a la fachada norte, maciza y mineral, opone la transparencia de la fachada sur; al tratamiento horizontal y expansivo del cuerpo principal del edificio opone el tratamiento vertical y retraído de la base y del ático; a la angularidad del muro de granito antepone las curvas sensuales de la cortina de cristal. Todo ello para intentar conjugar los opuestos en un todo donde los contrarios se acercan y se asemejan.

On the side that gives onto the river, the building has a long facade clad in granite perforated with horizontal windows and is totally glazed at the corner where it curves into the next street.

El edificio presenta, en el lado que mira al río, una larga fachada revestida de granito perforada con ventanas horizontales y la curva de su chaflán totalmente acristalada.

At the end opposite the street corner, the granite wall ends in the form of a sharply chiselled triangular prism.

En el extremo opuesto al chaflán, la pared de granito termina en forma de prisma triangular agudamente afilado.

155

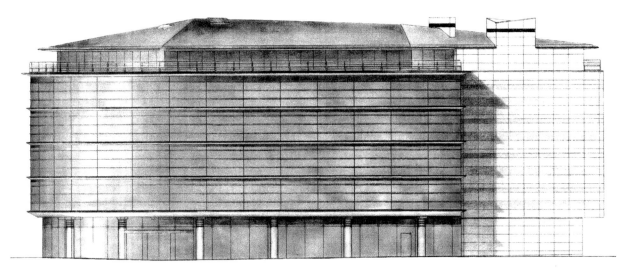

Street facade / *Fachada de la calle*

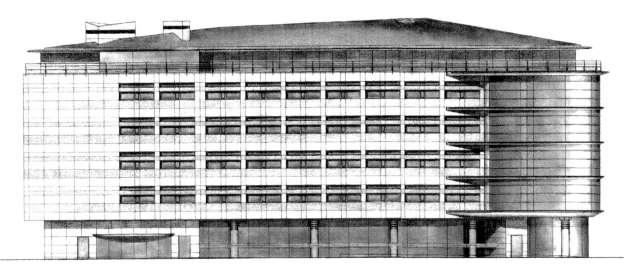

River facade / *Fachada del río*

The lower part of the building is treated as a large transparent glass box. The glass wall is supported by a series of metal posts that also support the signs and brise-soleils.

La parte baja del edificio está tratada como una gran caja transparente. El cerramiento de cristal se sostiene mediante una serie de postes metálicos que, a su vez, soportan los rótulos y las protecciones solares.

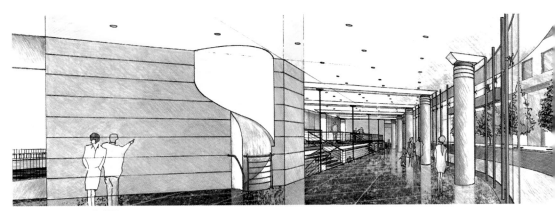

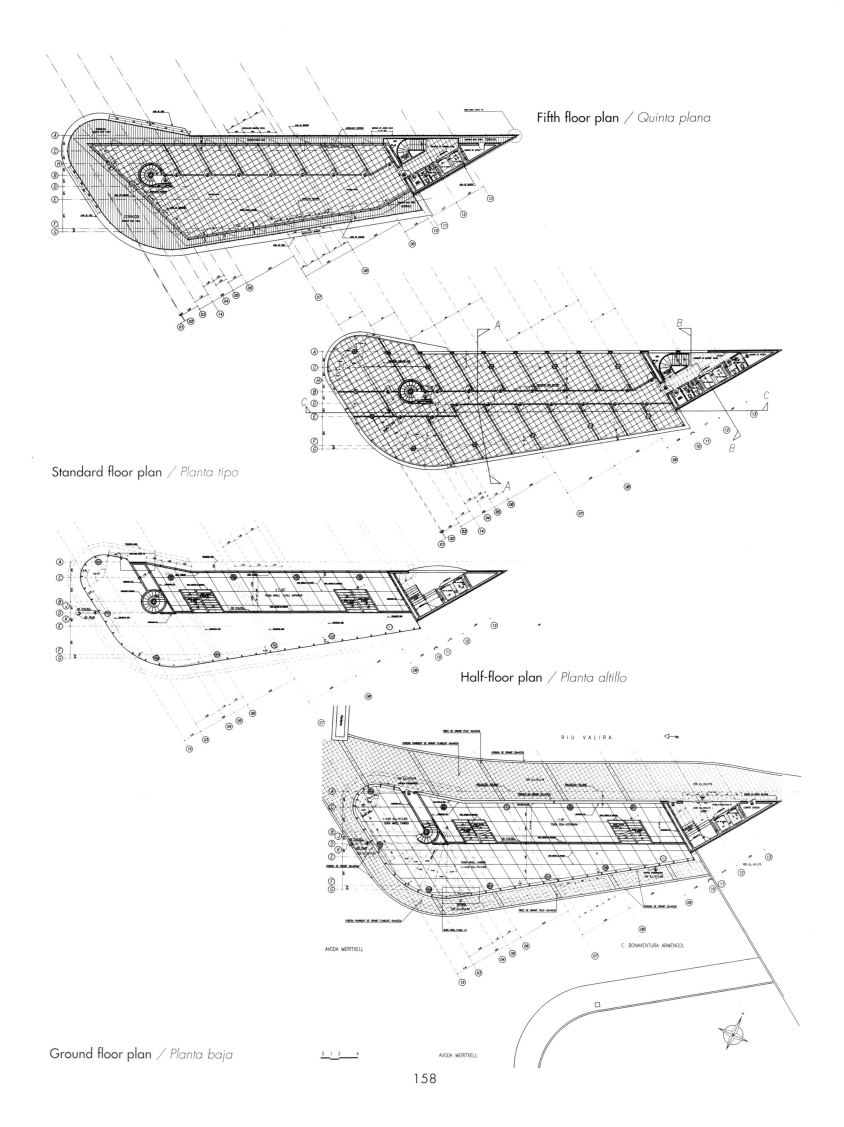

Fifth floor plan / *Quinta plana*

Standard floor plan / *Planta tipo*

Half-floor plan / *Planta altillo*

RIU VALIRA

AVGDA MERITXELL

C. BONAVENTURA ARMENGOL

Ground floor plan / *Planta baja*

AVGDA MERITXELL

158

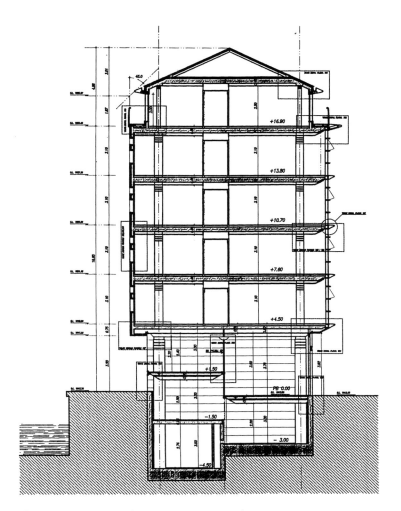

Cross section AA' / *Sección transversal AA'*

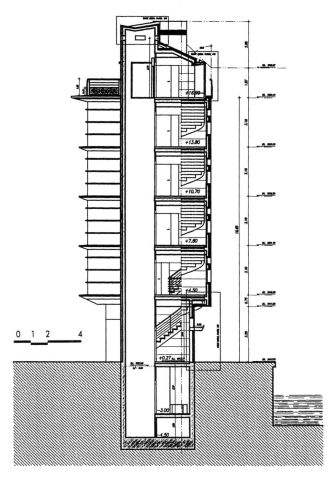

Cross section BB' / *Sección transversal BB'*

Longitudinal section / *Sección longitudinal*

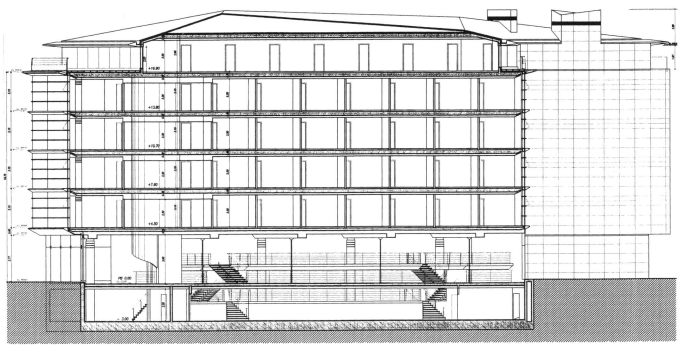

Due to the system of half-levels that is used to organise the interior of the shop, several levels are overlooked from each floor and even from the outside.

El sistema de medios niveles con que se organiza el interior de la tienda permite dominar simultáneamente, desde cada una de las plantas, e incluso desde el exterior, varios niveles.

These pictures show how the interior of the shop space is given a unique feel by the commercial signs inscribed on the walls.

Tal como apreciamos en estas imágenes, el interior del espacio comercial adquiere una singularidad especial gracias a los mensajes comerciales impresos sobre los cerramientos.

Peter MARINO & Associates Architects

Giorgio Armani (New York, U.S.A.) 1996

The proposed alteration was to erect a new structural steel frame utilising the existing foundations. The building height was dictated to align with the existing brownstones to the north. The new four-story building was clad in cream-coloured French limestone with very large expanses of both stone and glass. The 10' by 10' glass panels were to allow light diffusion by means of theatrical scrims into the high-ceilinged sales rooms. Inside, French limestone walls and ebonized limestone stairs enclose the ornamental stair, rising from the first to the fourth floor.

Individual sales room walls were distinguished by French limestone and bleached cerused curly hickory or bleached anigre except for the fourth floor which was a combination of bleached figured anigre and French limestone. Floors were either ebonized French limestone or ebonized wood with custom-made silver gray or espresso brown woven linen carpets.

All new heating, ventilation and air conditioning, sprinklers, plumbing, electrical systems and new elevators were provided.

La alteración propuesta consiste en la construcción de una estructura portante de acero utilizando los cimientos existentes. La altura del edificio viene dictada por las alineaciones de las casas construidas con piedra caliza de color rojizo que existen en el lado norte. La fachada del nuevo edificio de cuatro plantas ha sido revestido con grandes extensiones de piedra caliza francesa de color crema y cristal. Los paneles de cristal de diex por diez pies permiten que la luz se filtre a través de grandes telas para iluminar las zonas de venta que tienen una gran altura. Al interior, las paredes de piedra de caliza francesa y los escalones de piedra de caliza teñida de color negro forman la escalera ornamental que sube hasta la cuarta planta.

En las salas de venta destacan las paredes de piedra de caliza francesa o de madera de hickory con fibra rizada y tratada con blanco de cerusa o de madera de anigre, excepto en la cuarta planta donde se combinan la madera de anigre y la piedra de caliza francesa. Los suelos son de piedra caliza francesa teñida de negro o madera teñida de negro con alfombras hechas a medida de color gris plateado o marrón espresso.

Todas las instalaciones de calefacción, ventilación y aire acondicionado, aspersores, fontanería, sistemas eléctricos, así como los ascensores son nuevos.

Ground floor plan / *Planta baja*

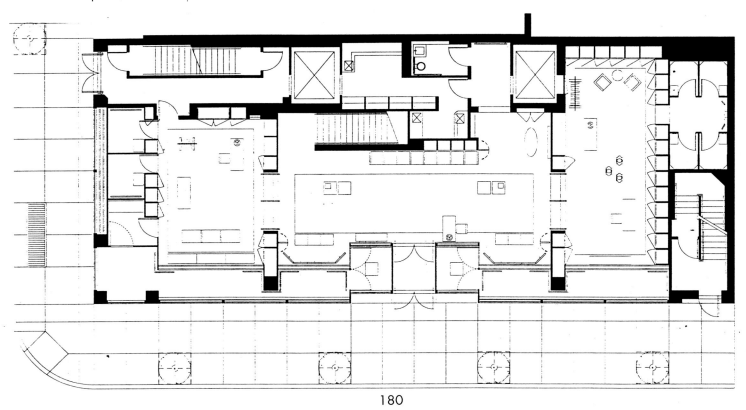

Second floor plan / *Segunda planta*

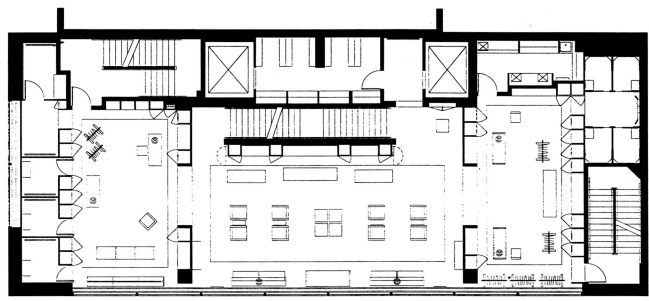

Third floor plan / *Tercera planta*

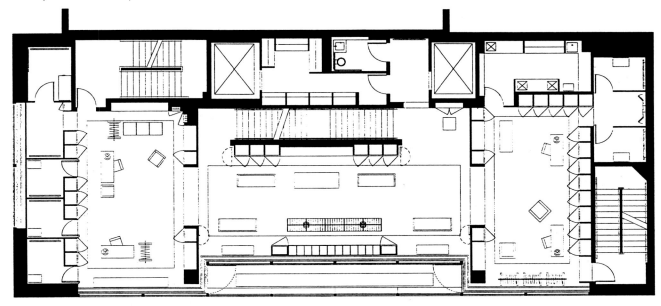

Fourth floor plan / *Cuarta planta*

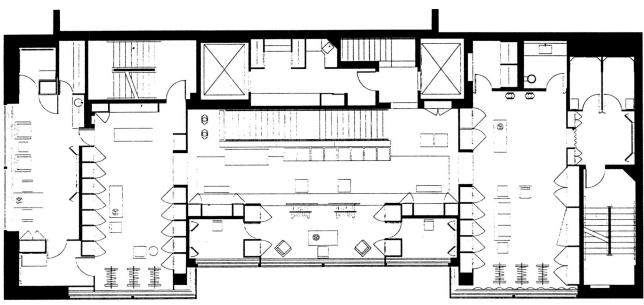

In the interior both the floor and the internal partitions have been fully clad with cream-coloured French limestone.

En el interior del local, tanto el suelo como las particiones interiores han sido integramente revestidas con piedra caliza francesa de color crema.

The wall supporting the interior staircase communicating the four floors of the premises reveals the outline of the staircase that it conceals.

El muro en que se apoya la escalera interior que comunica las cuatro plantas del local comercial, muestra grafiado por su lado exterior, el relieve de la escalera que esconde detrás.

The building combines a small range of colours and materials: the cream colour of the limestone, the dark wood, and the dark grey and dark brown of the made-to-measure carpets.

El edificio combina una pequeña gama de colores y materiales: el color crema de la piedra caliza, la madera oscura y el gris claro y el marrón oscuro de las alfombras hechas a medida.

Sergio CALATRONI

Copy Center (Shizuoka, Japan) 1994

Like the N.O.Z. office building, the Copy Centre is one of the latest works of the architect Sergio Maria Calatroni in Shizuoka.

The sixty-six square metre premises located in a shopping mall have become a focus of attention, an advertisement and the representative image of this copy service company. The scheme is integrated in the mall through the total and absolute transparency of the wall elements, thus creating a sensation of greater space. The premises function as a shop window presenting the work that goes on inside it.

The scheme is developed through a startling interplay of lights, textures and colours that attract the attention of potential customers. The architect used transparent and reflective materials such as glass, metal, mirrors and coloured plexiglas. Most of the furniture is painted in opaque gold.

The purity of forms and the simplicity of the walls collaborate with the materials to enhance the intensity of the colours, which form an integral part of the design. The architect thus uses the interplay of light and colour as a major element of the design.

El Copy Center es, conjuntamente con el edificio de oficinas N.O.Z., una de las últimas obras realizadas por el arquitecto Sergio Maria Calatroni en Shizuoka.

El local, de sesenta y seis metros cuadrados, ubicado en el interior de unas galerías comerciales, se ha convertido en centro de atención, punto de reclamo e imagen representativa de esta empresa dedicada a los servicios de copistería. El proyecto se integra en el conjunto gracias a la absoluta y total transparencia de los elementos de cerramiento. De esta forma, el espacio gana en amplitud, convirtiéndose prácticamente todo el local en escaparate, en mostrador del trabajo que se realiza en su interior.

El proyecto se desarrolla a través de un asombroso juego de luces, texturas y colores. De esta forma el local se convierte en una explosión de luz y de color capaz de atraer a los posibles clientes. Se han utlizado materiales tansparentes y reflectantes tales como cristal, metal, espejos y plexiglás coloreado. En su mayor parte, los muebles de trabajo han sido pintados de color oro opaco.

La pureza de las formas y la simplicidad de los cerramientos colaboran con los materiales a la hora de dar intensidad al colorido. De esta forma, el arquitecto consigue que el color forme parte integrante del local y se convierta, juntamente con el juego de luces, en una de las partes más importantes del proyecto.

Perspective / *Perspectiva*

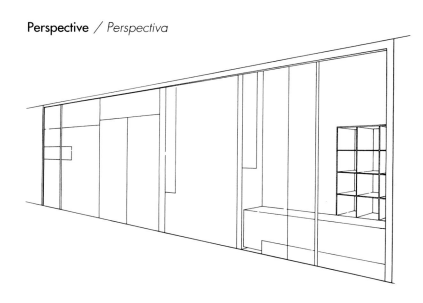

View and perspective of the shop window. It is composed of an interplay of diverse forms and materials: glass, metal, mirrors and coloured Plexiglas.

Imagen y perspectiva del escaparate, formado por un juego de diversas formas y materiales combinados entre sí: cristal, metal, espejos y plexiglás coloreado.

188

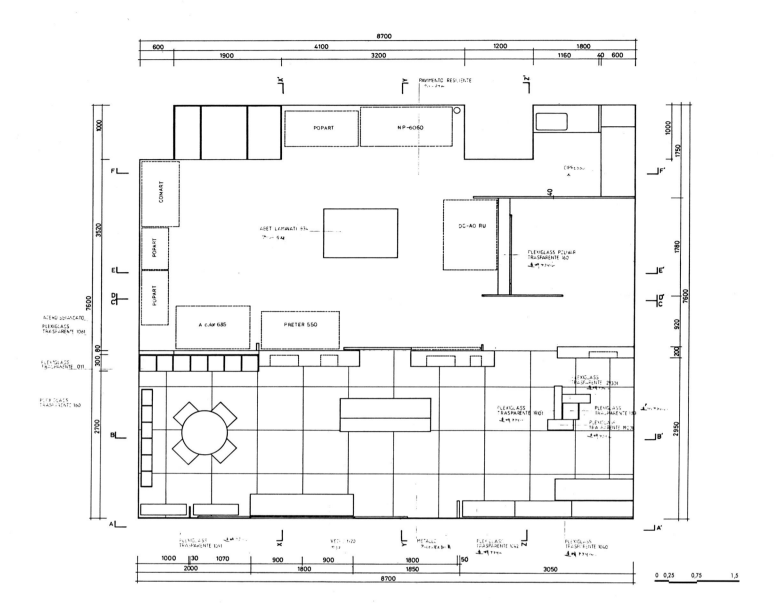

Floor plan / *Planta*

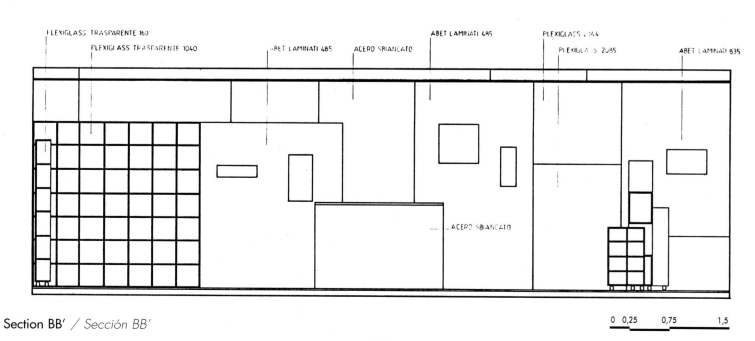

Section BB' / *Sección BB'*

0 0,25   0,75   1,5

190

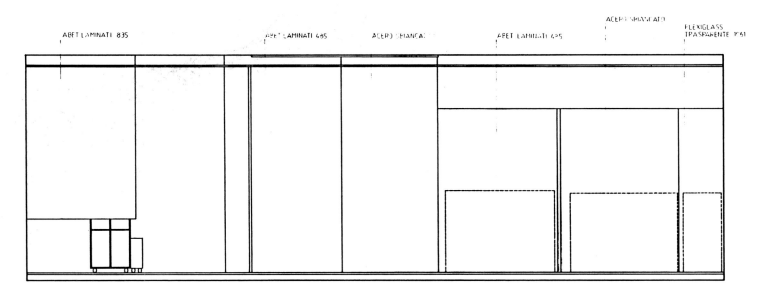

ABET LAMINATI 835   ABET LAMINATI 435   ACERO SBIANCATO   ABET LAMINATI 435   ACERO SBIANCATO   FLEXIGLASS TRASPARENTE 361

Section CC' / *Sección CC'*

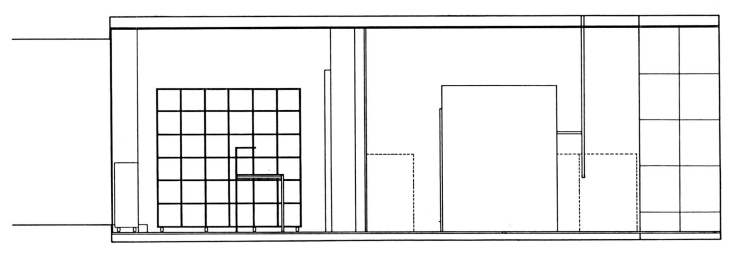

Section ZZ' / *Sección ZZ'*

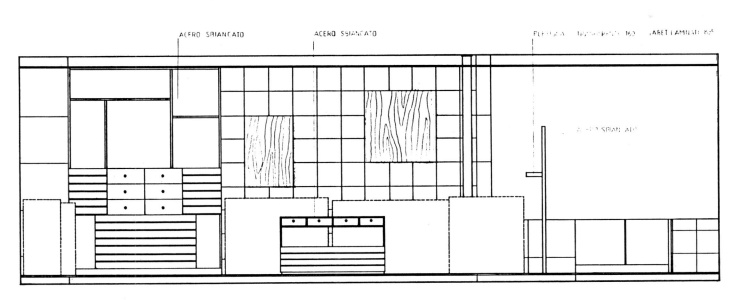

ACERO SBIANCATO   ACERO SBIANCATO   FLEXIGLAS TRASPARENTE 360   ABET LAMINATI 835

Section EE' / *Sección EE'*

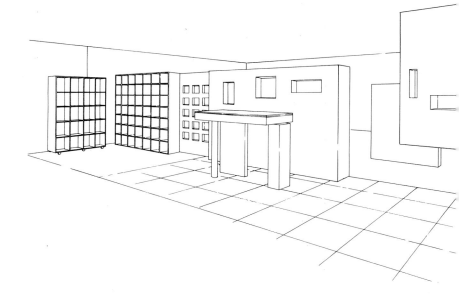

The top photograph shows a perspective view of the cash desk and the display area. On the left, a detailed view of the matte gold painted cash desk with steel drawers.

En la parte superior, vista en perspectiva de la zona de caja y el área de exposición. En la imagen de la izquierda, detalle del mueble de caja pintado de color oro mate y con cajones de acero.

192

Different views of the working area. The photograph in the centre shows part of the steel structure that delimits the working area.

Diversas vistas de la zona de trabajo. En la imagen central podemos apreciar parte de la estructura de acero que delimita la zona de trabajo.

The steel dividing wall that separates the working area from the public part of the shop is suspended from the ceiling and never touches the floor.

La pared divisoria de acero que separa la zona de trabajo de la parte pública del local se encuentra suspendida del techo, y en ningún caso llega a tocar el suelo.

193

William P BRUDER Architect LTD

Riddell Advertising and Design (Jackson, U.S.A.) 1995

Anchored to and rising from its natural setting, the Riddel advertising building's distinctive base and stair towers, clad in random-width vertical board and battened weather cedar siding, become scaleless and abstract much like the farm buildings that dominate the region's unparalleled landscapes. The upper two floors clad in overlapping boards each step out to shelter horizontal strips of glazing for the offices within.

Lanterns of glass and light with random wood lattice working animate the building's interiors and disperse exterior sun glare. A sloped wall of galvanised barn roofing on the rear elevation makes the sky come to the ground, creating a dynamic backdrop for the garden.

The north entry facade fully displays the building's aesthetic rigor. With the stepped logic of the east facade wrapping to the north, the low scaled entry weather vestibule with cantilevered log trellis, large studio delivery door (clad in galvanised metal), conference room bay picture-window at level three and the north-west stair tower clad in random boards and batten, there is no lack of sculptural interest. Inside, the building creates a dialogue of space, light and wood reflecting of its exterior form. The space is wrapped in maple veneered panelling, contrasting handsomely with the rustic logs.

On level two and three, custom maple veneered and exposed natural particle board workstations surround the "canyon". The third level gains more three-dimensional interest from its sculptured ceiling which is a response to the roof sloped drainage patterns. Two unique stair towers are used with more frequency than the elevator on short trips between levels.

In this architecture, wood is dominant in both the grand structural ideas and the small craftsman-like details. This is most appropriate to issues of aesthetics, constructability, budget, and contextual appropriateness. At every level the building uses the romance of wood to create a model for a town searching to define its architectural character.

Anclado en su entorno natural y emergiendo de él, las características base y torres del edificio Riddel, revestido con tablas verticales de anchura aleatoria y listones de cedro curado, pierde toda escala y se hace abstracto como muchos de los edificios agrícolas que dominan los incomparables paisajes de la región. Los dos niveles superiores, revestidos de tablas solapadas, se proyectan hacia afuera para dar cobijo a los ventanales de los despachos.

Unas linternas de vidrio con entramados aleatorios de madera dan vida a los interiores del edificio y dispersan la fuerte luz solar procedente del exterior. Una pared inclinada revestida de planchas galvanizadas para cubiertas situada en el alzado posterior hace que el cielo llegue a la tierra, creando un telón de fondo dinámico para el jardín.

La fachada norte de entrada muestra todo el rigor estético del edificio. Con la lógica de la fachada escalonada que envuelve el edificio de este a norte, el porche de pequeña escala con troncos en voladizo, la amplia puerta de servicio (revestida con metal galvanizado), la ventana panorámica de la sala de conferencias situada en el tercer nivel y la torre de la escalera en la parte noroeste revestida de tablas aleatorias y listones, no faltan elementos de interés escultórico. En el interior, el edificio crea un diálogo de espacio, luz, y madera que reflejan la forma exterior. El espacio está revestido con paneles de arce, contrastando hermosamente con los troncos rústicos.

En el segundo y tercer nivel, estaciones de trabajo construidas con aglomerado contrachapado con arce y sin contrachapar rodean el «cañón». El tercer nivel tiene un mayor interés tridimensional debido a su techo esculpido que es una réplica a los canales de drenaje de la cubierta inclinada. Dos torres únicas de escalera se usan con más frecuencia que el ascensor para los viajes cortos entre niveles.

En esta arquitectura, la madera domina tanto en las grandes ideas estructurales como en los pequeños detalles de artesanía. Esto es muy apropiado para la estética, la edificabilidad, el presupuesto, y la adecuación contextual. En todos los niveles el edificio utiliza la madera para crear un modelo para un pueblo con la voluntad de definir su carácter arquitectónico.

The scheme adopts an abstract sculptural form in which it is only possible to perceive the volumes   housing the vertical connections and the glazed walls that illuminate the interior.

El proyecto adopta una forma abstracta y escultural en la que únicamente es posible percibir los volúmenes destinados a alojar las conexiones verticales y los paramentos acristalados que iluminan el interior.

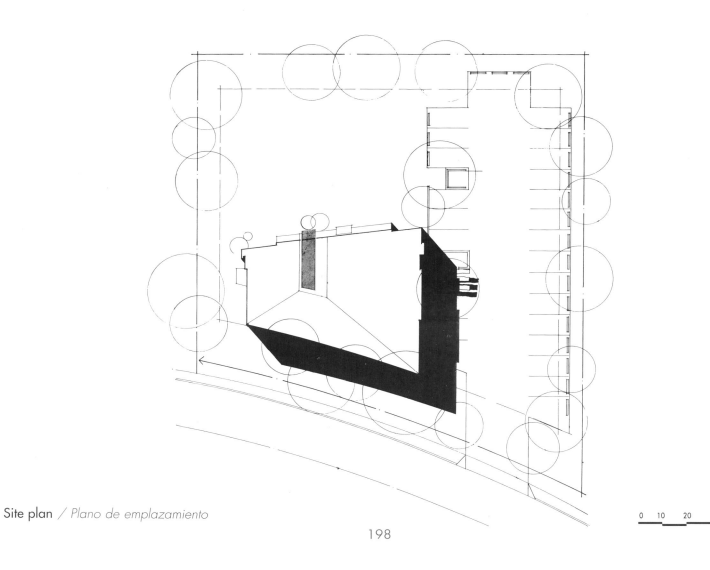

Site plan / *Plano de emplazamiento*

0   10   20   40

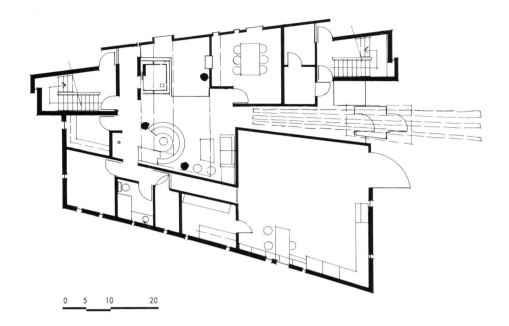

First floor plan / *Primera planta*

0   5   10   20

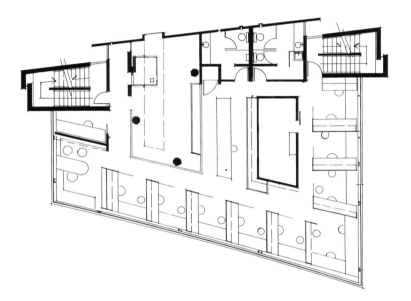

Second floor plan / *Segunda planta*

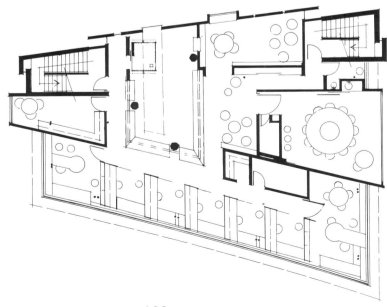

Third floor plan / *Tercera planta*

199

Three long tree-trunks usher the visitor from the exterior of the building to the great light well around which the building is organised.

Tres largos troncos de madera acompañan al visitante desde el exterior del edificio hasta el gran "pozo de luz" alrededor del cual se organiza el edificio.

0   5   10   20

Cross section / *Sección transversal*

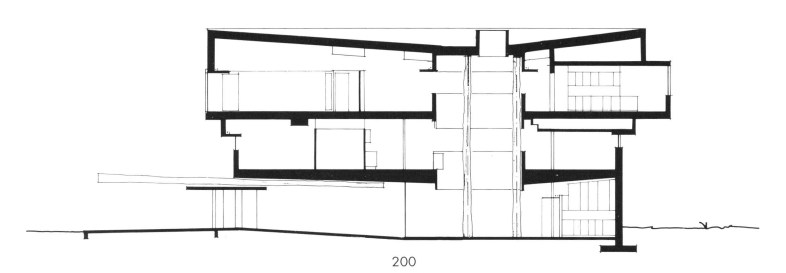

Two views of the spacious central atrium, which is three floors high. It organises the building functionally and provides a great deal of light. On the ground floor, this space houses the reception area.

Dos imágenes del espacioso atrio central, de tres plantas de altura, que organiza funcionalmente y proporciona gran cantidad de luz al edificio. En planta baja, este espacio sirve para alojar la zona de recepción.

The working zones located on the upper floor are well-lit and have marvellous views of the surrounding landscape.

Las zonas de trabajo situadas en la planta superior gozan de gran cantidad de luz y maravillosas vistas al paisaje que rodea al edificio.

203

John PAWSON

Jigsaw (London, U.K.) 1996

The starting point for the design is an appropiate platform to show Jigsaw´s clothes off to their best advantage. A design which invites, rather than intimidates customers, which makes them feel comfortable and welcome, and yet which still projects a distinctive personality for the store. The existing frontage has been stripped away, the twin apertures now being framed with simple portland stone panels.

Inside this semi-transparent facade the first floor has been cut back to create a double height space, six metres high, which establishes a sense of space and light for the shop while providing an area for display mannequins showing what the store has to offer.

What was an irregular, rambling plan has been remodelled to give a sense of order and clarity. To this end a pair of staircases are positioned against one wall descending down to the lower level, making a virtue out of its nonorthogonal geometry. They are proportioned generously enough to make it immediately clear from the street that there is a second, equally important sales floor at the lower level. On the other side of the store is a second stair case providing access for visitors to the press room above.

The ground floor is planned around four distinct display areas set between a long low shelving unit that stretches back into the shop along the line of the staircase two long tables. Each area is defined by full-height hand-etched acrylic screens that provide a sense of enclosure, minimise the visual impact of necessary structural columns. The cash and wrap area is positioned toward the rear of the store, screening the naturally illuminated changing area at the back. A similar strategy is used for the lower sales floor. Access from the upper level will be by way of a pair of staircases ranged along one wall and bringing customers into the centre of the lower floor. Changing rooms will be at the front screened by etched acrylic panels, with cash and wrap at the back.

El punto de partida para el diseño de este proyecto es una plataforma adecuada para la exhibición de la ropa de Jigsaw. Un diseño que en vez de intimidar a los clientes, los invite y les haga sentir cómodos y bien acogidos, y a su vez, proyecte una personalidad distintiva de la tienda. El frontal existente ha sido desmontado y las dobles aperturas enmarcadas con simples paneles de mortero portland.

Dentro de esta fachada semitransparente, se ha acortado el primer piso para crear un espacio de doble altura: seis metros de alto que dan un sentido de espacio y luz a la tienda, a la vez que ofrecen un área para la muestra de los modelos que ofrece.

Lo que antes era un plano irregular y destartalado ha sido remodelado para dar un aire de orden y claridad. En este lado se han situado un par de escaleras contra un muro, que descienden al nivel inferior, y muestran su geometría no-ortogonal. Sus proporciones permiten que desde la calle se note que hay una segunda planta de ventas, en el nivel inferior. En el otro lado del local hay una segunda escalera que permite el acceso de los visitantes a la sala de prensa situada en el piso superior.

La planta baja está diseñada alrededor de cuatro áreas de exposición distintas, situadas a un lado, entre unas estanterías largas y bajas que se extienden hasta la parte trasera de la tienda, a lo largo de la escalera, y en el otro dos largas mesas. Cada área está definida por cristales acrílicos grabados al aguafuerte, que dan una sensación de aislamiento y minimizan el impacto visual de las necesarias columnas estructurales. La caja y la zona de empaquetado están situadas en la zona posterior de la tienda, ocultando los probadores en la parte trasera, donde hay luz natural.

Se ha utilizado una estrategia similar para las plantas de venta inferiores. El acceso desde el nivel superior es posible mediante un par de escaleras alineadas a lo largo de un muro, llevando a los clientes al centro de la planta inferior. Los probadores quedan ocultos por paneles acrílicos grabados, con la caja y la zona de empaquetado situadas en la parte posterior.

From the outside, the shop gives an inviting appearance of order and clarity. The existing shopfront has been removed and the openings have been framed with simple portland cement panels.

Desde el exterior, la tienda transmite un aire de orden y claridad que lejos de intimidar invita a entrar. Se ha desmontado el frontal existente y las aberturas han sido enmarcadas con simples paneles de cemento portland.

Ground floor plan / *Planta baja*

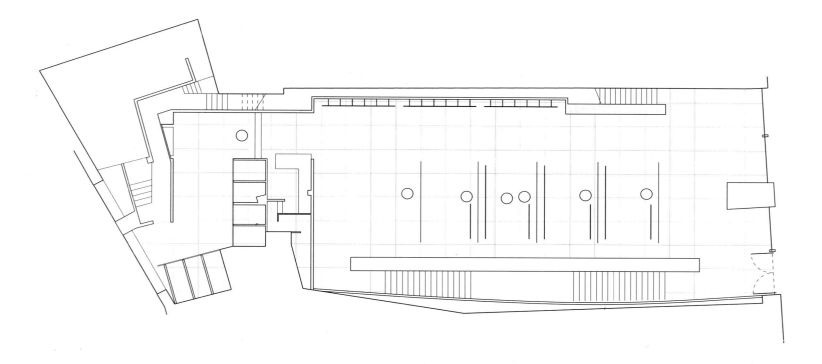

Basement plan / *Planta sótano*

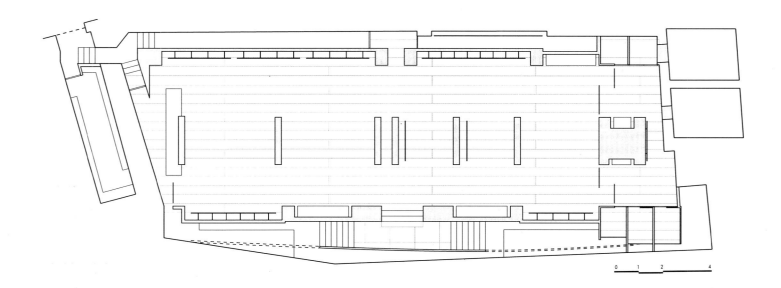

0   1   2   4

A pair of staircases aligned along the outer wall go down to the ground floor and is a powerful visual feature.

Un par de escaleras alineadas a lo largo del muro perimetral descienden hasta la planta baja y se convierten en poderosa característica visual.

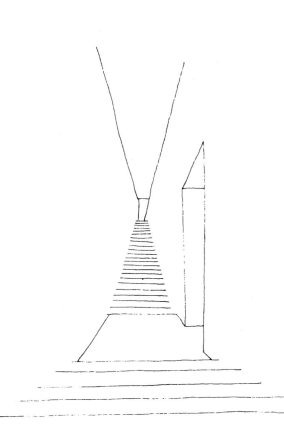

208

The lower floor is paved with wooden panels. They are as large as possible in order to give the sensation of natural, untreated material.

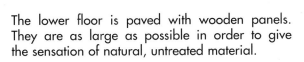

En la planta inferior, el pavimento es de placas de madera. Éstas son del tamaño lo más grande posible para que predomine la sensación de material natural poco tratado.

209

The engraved acrylic glass panels divide the space and minimize the visual impact of the structural columns.

Los paneles de cristal acrílico grabados al aguafuerte compartimentan el espacio y minimizan el impacto visual de las columnas estructurales.

211

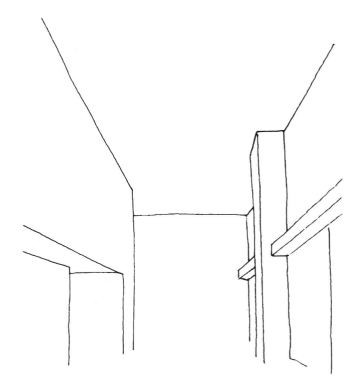

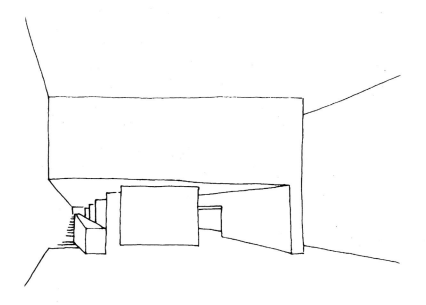

With its white walls and granite floor extending along the depth of the shop, the scheme gives a sense of space and proportion that underlines its originality.

Con sus blancos muros y el suelo de granito extendiéndose a lo largo de toda la profundidad del local, el diseño proyecta un sentido de espacio y proporción que lo establecen como lugar definitivamente diferente.

212

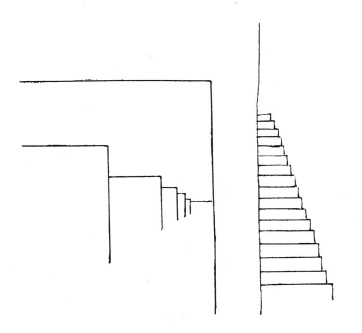

GORGONA BOEHM Associates

Supermarket Merkur (Wiener Neustadt, Austria) 1996

The Viennese architects Gorgona Böhm Associates were faced with a difficult project: converting a food market with all the charm of an industrial shed, providing space for individual traders and a restaurant, replacing the facades and adding a parking bay. The middle section of the roof was partly removed and a new exterior steel construction with suspended glass panels illuminates a piazetta whose centre is formed by a restaurant, around which the food market and the individual businesses form a U-shape.

Here the customers can meet, relax and enjoy the restaraunt's fare. But the restaurant and food block also form a central axis that relates to the glazed roof. The existing elements are revalued by the precise new design, especially in the conduction of light by the reflectors. The abstract form of the structure avoids competing with the flood of signs from the commercial world.

The eighty-metre entrance facade becomes an intelligent image of innovative architectural solutions. A two-layer perforated metal structure in front of the black building shell produces a striking interference effect through the use of neon. The small black holes become moving strips that accompany the observers as they go past, or lead them into a perspective of endless profundity as they approach.

At night the fabric of light disguises the substance of the building, dissolving it into a variety of levels of perception. But as one goes into the large entrance hall, the wide space of the interior stands out in contrast to the high-tech facade illumination. The solution of the parking bay on one side of the building is also clear and empirical. The light slits are arranged vertically, establishing a dynamic movement and enhancing the black box of the store with their unusual natural light. The architectural message is also conveyed by the colouring. The aluminium grey links the load-bearing parts inwards and outwards to form a whole.

Gorgona Böhm Associates de Viena se enfrentaron a un difícil reto: reconvertir un mercado con todo el encanto de una nave industrial, proporcionando espacio para comercios individuales y un restaurante, reemplazando las fachadas y añadiendo un área de aparcamiento. La sección del medio del techo fue parcialmente eliminada y se construyó una nueva estructura exterior de acero, con paneles de cristal suspendidos que iluminan una pequeña plaza en cuyo centro se encuentra el restaurante y alrededor del cual forman una U el mercado y los pequeños comercios.

Aquí los clientes se encuentran, se relajan y disfrutan de la gastronomía. Sin embargo, el restaurante y el bloque gastronómico también forman un eje central que establece una conexión con el techo de cristal. Los elementos existentes han sido revalorizados por la precisión del nuevo diseño, especialmente por la conducción de la luz mediante reflectores. La forma abstracta de la estructura evita cualquier forma de competencia con la inundación de signos del mundo comercial.

La fachada de entrada de 80 metros se transforma en una imagen inteligente de innovadoras soluciones arquitectónicas. Una estructura de doble capa de metal perforado, situada delante del armazón negro del edificio, produce un efecto chocante gracias al uso de luces de neón. Los orificios, pequeños y negros, se transforman en bandas movibles que acompañan al observador a lo largo de su paseo, o lo guían hacia una perspectiva de profundidad sin fin a medida que se acerca.

De noche, esta fábrica de luz disfraza el conjunto del edificio, disolviéndolo en una variedad de niveles de percepción. Pero cuando uno se dirige hacia el gran vestíbulo de entrada, el amplio espacio del interior destaca en contraste con la sofisticada iluminación de la fachada. La solución de la zona de aparcamiento a un lado del edificio es también clara y empírica. Los cortes de luz se organizan verticalmente estableciendo un movimiento dinámico y realzando la caja negra de los almacenes con su inusual luz natural. El mensaje arquitectónico también se expresa mediante el color. El gris del aluminio vincula la cantidad de relaciones entre el interior y el exterior para formar un conjunto.

The skin of the building is formed by a double layer of perforated metal sheet. The neon lighting system installed inside it has a startling effect.

La piel del edificio está formada por una doble capa de chapa metálica perforada. El sistema de luces de neón instalado en su interior produce un efecto de gran impacto visual.

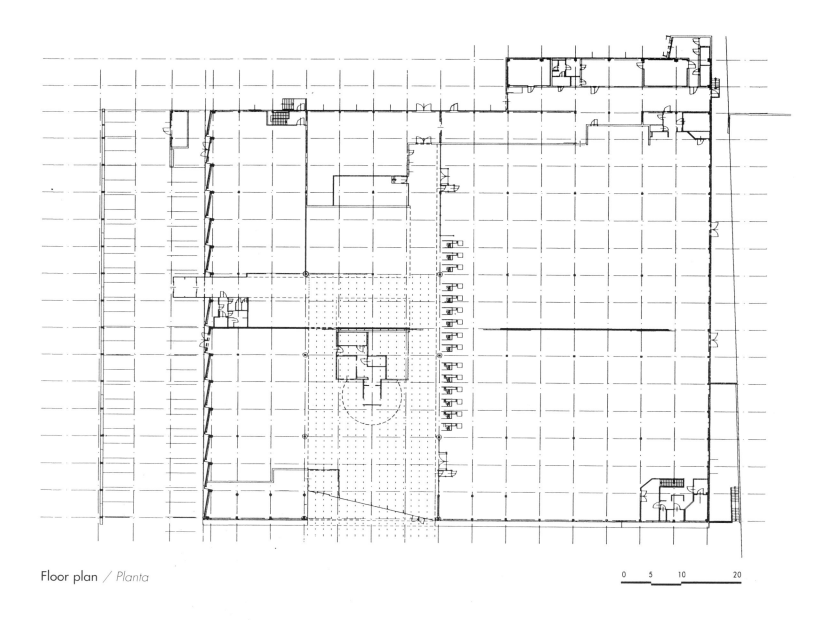

Floor plan / *Planta*

0 5 10 20

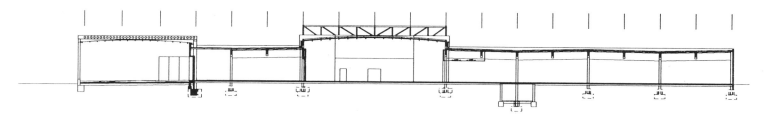

Longitudinal section / *Sección longitudinal*

Cross section / *Sección transversal*

0 5 10 20

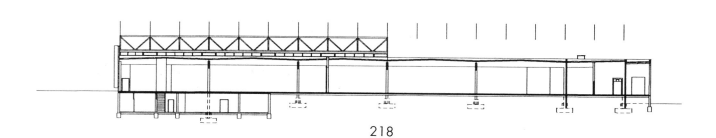

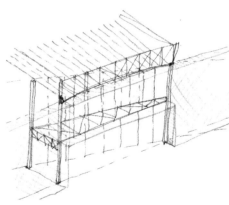

Sketch of the main entrance
Boceto de la entrada principal

219

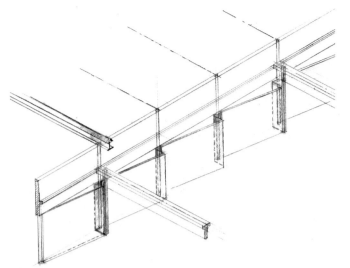

The scheme consists basically of the construction of a new facade to give the supermarket a modern appearance and creating a parking zone under a large canopy.

El proyecto consiste fundamentalmente en la construcción de una nueva fachada que proporciona un aspecto moderno al super-mercado y la creación de una zona de aparcamiento situada bajo una gran marquesina.

Sketch of the exterior wall / *Boceto del cerramiento exterior*

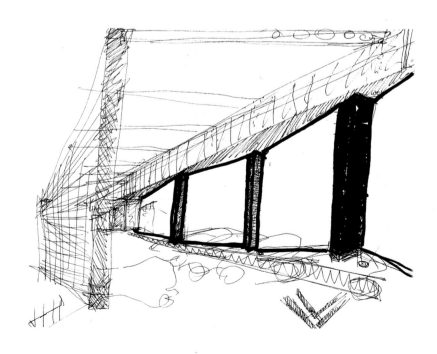

On this page, two different views of the restaurant situated in the central square, which is top-lit by a skylight in the roof.

En las imágenes de esta página, dos vistas distintas del restaurante situado en la plaza central. Ésta recibe luz cenital a través de un lucernario practicado en la cubierta.

Eduardo SOUTO de MOURA

Clérigos Art Gallery (Porto, Portugal) 1993

The basic structure of the Clérigos Art Gallery by the Portuguese architect Eduardo Souto de Moura is identical to that of the shop that was previously located on this site. Only a wall has been added to separate the public part of the premises from the area used by the employees.

The wall on which the works of art will be placed thus becomes a fundamental element of the scheme. It consists of a steel structure supported at two points, filled with Ytong and plastered with ochre-coloured sand from Barcelos. The premises are generously illuminated by the large glazed openings that form the facade of the gallery and in turn allow the works of art to be seen from the outside.

Today there is a common idea, not shared by this architect, that spaces for exhibiting works of art must be neutral, without elements that distract the attention from the objects on display - as if Klee's angles could not be placed inside a baroque church.

La estructura básica de la galería de arte Clérigos, obra del arquitecto portugués Eduardo Souto de Moura, es idéntica a la de la tienda que con anterioridad se encontaba ubicada en este mismo solar. A ésta, únicamente se le ha añadido un muro ,construido para separar la parte pública del local de la zona destinada a albergar la zona para los empleados.

La pared, sobre la cual se colocan las obras de arte a exponer, se convierte de esta forma en elemento fundamental del proyecto. Ésta consiste en una estructura de acero soportada en dos únicos puntos, rellenada con Ytong y revocada con arena de color ocre de Barcelos. El local se encuentra generosamente iluminado gracias a las grandes aberturas acristaladas que conforman la fachada de la galería y que a su vez permiten la visión de las obras de arte desde el exterior.

Hoy en día existe la idea, erronea desde el punto de vista del arquitecto, de que los espacios destinados a la exibición de obras de arte deben ser neutros, carentes de elementos que puedan distraer la atención sobre los objetos que se exponen - como si los angeles de Klee no pudieran estar en el interior de una iglesia barroca!

View of the central wall separating the part that is open to the public from the service area. This wall consists of a metal structure supported only at two points.

Imagen del muro central encargado de separar la parte abierta al público de la zona destinada a albergar otros servicios. Esta pared consiste en una estructura metálica soportada únicamente por dos puntos.

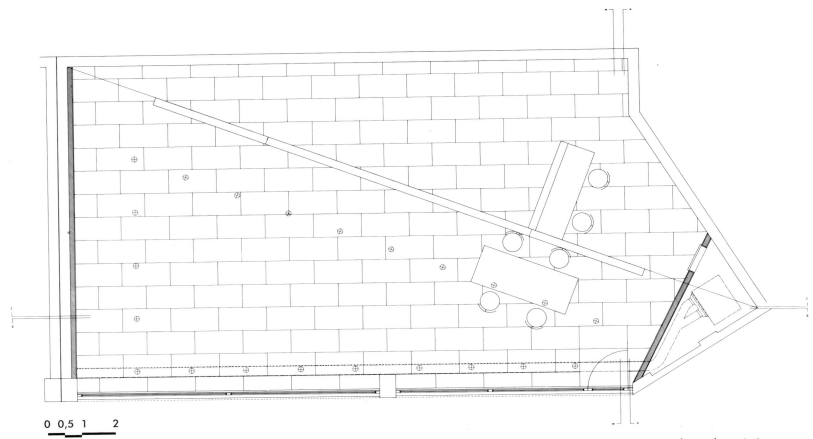

0 0,5 1   2

Floor plan / *Planta*

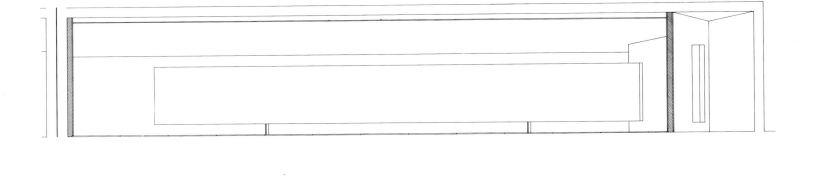

Longitudinal sections / *Secciones longitudinales*

226

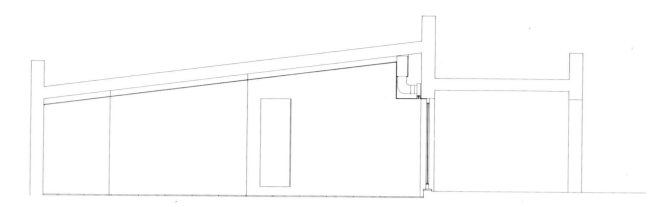

Cross sections / *Secciones transversales*

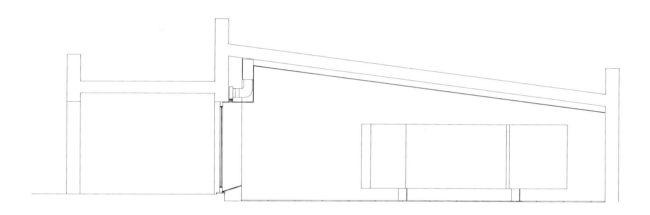

A large opening allows light to enter the gallery, illuminating the wall on which the works of art will be hung.

Una gran abertura permite la entrada de luz a la galería e ilumina el muro sobre el que se ubicarán las obras de arte.

227

The photograph on the right shows a detail of the metal structure supporting the wall.

En la fotografía de la derecha, imagen detallada de la estructura metálica encargada de soportar el muro.

228

Sketch of the cross section / *Boceto de la sección transversal*

The wall was plastered with ochre-coloured sand from Barcelos.

El muro ha sido revestido con un estucado de color ocre de Barcelos.

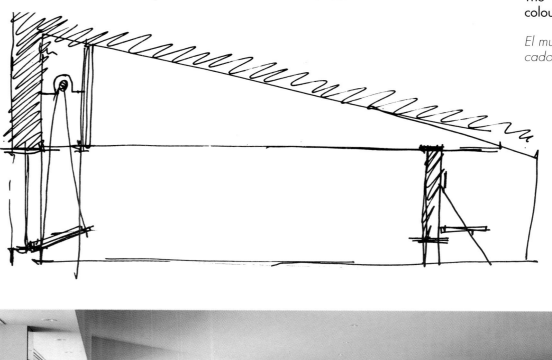

Massimiliano FUKSAS

Europark (Salzbourg, Austria) 1996

The architect gave the name "breakpoint" to the design concept of Europark SPAR, after the title of a film that tells of a passion for surfing, of a man who tries to dominate nature, the great ocean waves: in other words, a passion for freedom. This building is intended to be a territorial "landmark" that is recognisable for its commercial importance, and its strong relationship with the semi-urban context. The park is seen as a buffer zone for the surrounding residential area. In addition to its aesthetic and ecological quality, it fulfils an important practical role as a noise barrier.

The project consists of two metal grid waves. It is basically an immense commercial centre comprising three food halls and thirty or so shops. It has a total site area of 120,000 sqm and extends over an area 320 m long and 140 m wide.

Seven hectares of parking facilities are placed under this metal grid, three thousand car-parking spaces on a red-coloured surface. Great attention is paid to the distribution of different types of vehicles, lorries, private cars, cyclists and pedestrians. The exhaust fumes are eliminated by the wind and mechanical devices. The interior is designed on the fragmentation principle. The whole project is organised around three "voids", three distinct "spaces". The spaces are "interrupted" in order to admit daylight and create a pleasant atmosphere for workers on the inside. The clear horizontal arrangement of the building contrasts abruptly with the irregularity of its roofing.

The joists and pillars are in reinforced steel. The facades are made of metal and glass panels that illuminate the interior and give views of the exterior. The roof is designed as a longitudinal, curved grid construction on which there is a double metal grating. The load-bearing structure is made of diagonal members that guarantee stability.

In this project, the architect worked in sections proceeding from the inside to the outside. The use of voids placed lengthways or crosswise provides a variety of spatial sequences.

El arquitecto dio el nombre de breakpoint al concepto de diseño de Europark SPAR, inspirándose en el título de una película sobre la pasión por el surf, un hombre que trata de dominar a la naturaleza en las grandes olas del océano: en otras palabras, la pasión por la libertad. Este edificio se concibe como un punto de referencia territorial reconocible por su importancia comercial y su intensa relación con el contexto semiurbano. El parque se ve como zona de amortiguación para el área residencial que lo rodea. Además de su calidad estética y ecológica, cumple una importante función práctica como barrera contra el ruido.

El proyecto consiste en dos retículas metálicas en forma de olas. Es básicamente un inmenso centro comercial que incluye tres supermercados y unas treinta tiendas. La superficie total del solar es de 120.000 m2 y el edificio ocupa una superficie de 320 por 140 m.

Bajo esta malla metálica la zona de aparcamiento cubre una superficie de siete hectáreas, con tres mil plazas y una superficie de color rojo. Se ha prestado mucha atención a la distribución de los diferentes tipos de vehículos: camiones, automóviles, ciclistas, e incluso para los peatones. Las emisiones son eliminadas por el viento y por los dispositivos mecánicos. El interior se ha diseñado basándose en el principio de la fragmentación. El conjunto del proyecto se organiza alrededor de tres «vacíos», tres «espacios» distintos. Estos espacios se interrumpen para dar entrada a la luz del día creando un ambiente agradable para los que trabajan en su interior. La clara ordenación horizontal del edificio contrasta fuertemente con la irregularidad de su cubierta.

Las vigas y los pilares son de acero armado. Las fachadas son de láminas de metal y vidrio que iluminan el interior y proporcionan vistas al exterior. La cubierta se ha concebido como una construcción longitudinal en forma de retícula curvada sobre la que se ha colocado una doble malla metálica. La estructura portante consta de elementos diagonales que garantizan la estabilidad.

En este proyecto, más que en cualquier otro, el arquitecto ha trabajado en secciones que van desde dentro hacia fuera. El uso de huecos longitudinales o transversales proporciona una variedad de secuencias espaciales.

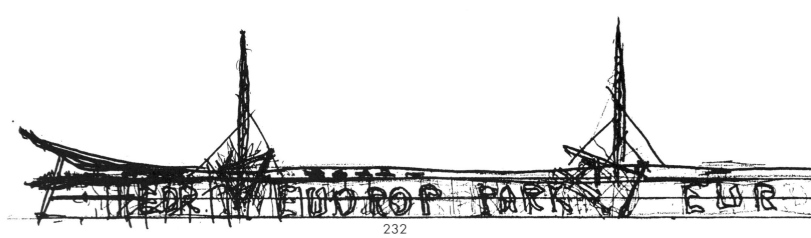

The outer appearance of the building features two large bright red metal wings under which the parking area is situated.

En el aspecto exterior del edificio destacan dos grandes olas metálicas pintadas de color rojo vivo bajo las cuales se situa la zona de aparcamiento.

233

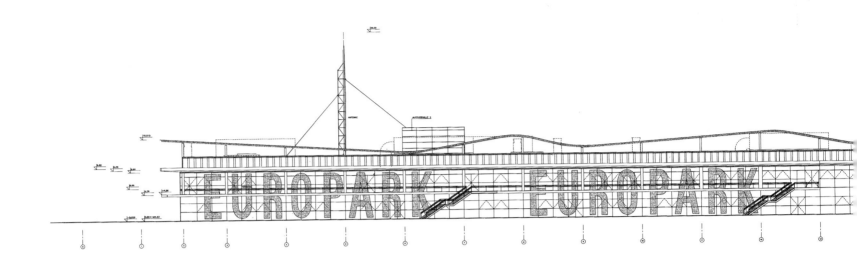

0   5   10   20

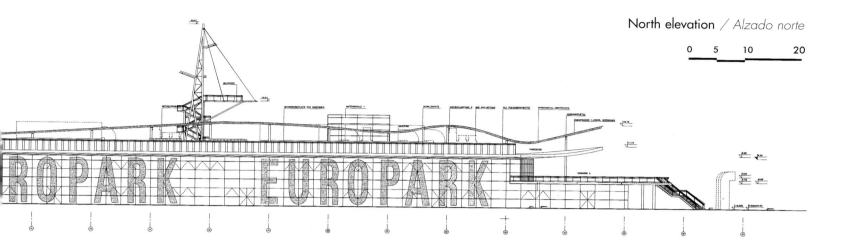

Section A1 / *Sección A1*

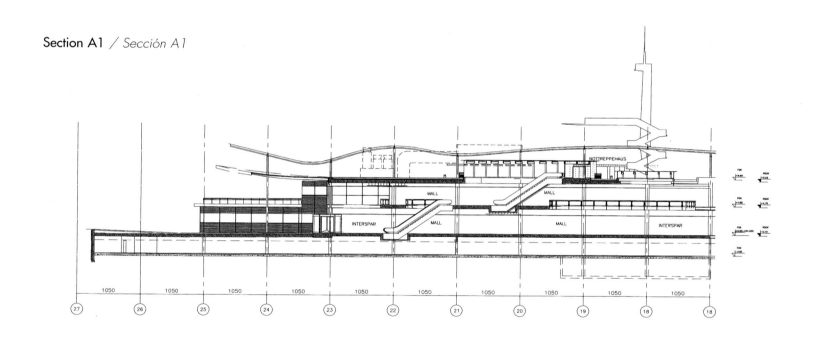

| 1050 | 1050 | 1050 | 1050 | 1050 | 1050 | 1050 | 1050 | 1050 | 1050 |

(27) (26) (25) (24) (23) (22) (21) (20) (19) (18) (18)

Section A2 / *Sección A2*

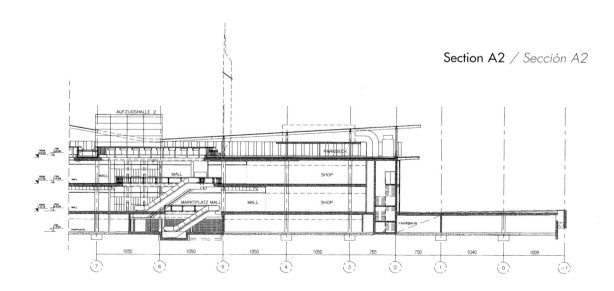

| 1050 | 1050 | 1050 | 1050 | 765 | 750 | 1040 | 1009 |

(7) (6) (5) (4) (3) (2) (1) (0) (-1)

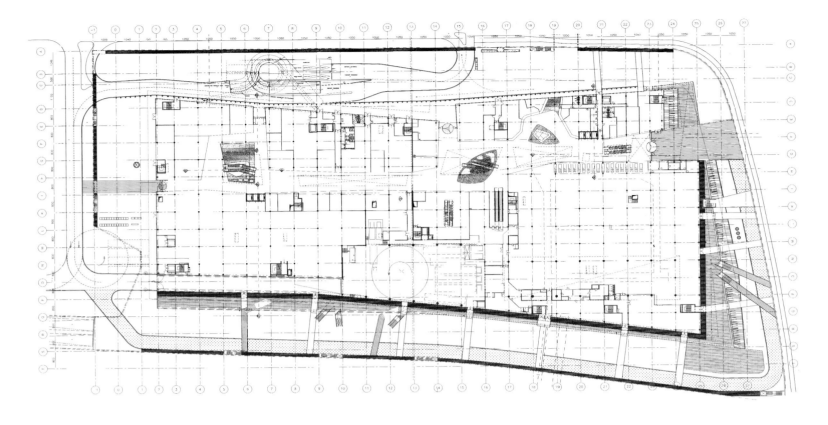

Lower level plan / *Planta nivel inferior*

0   5   10   20

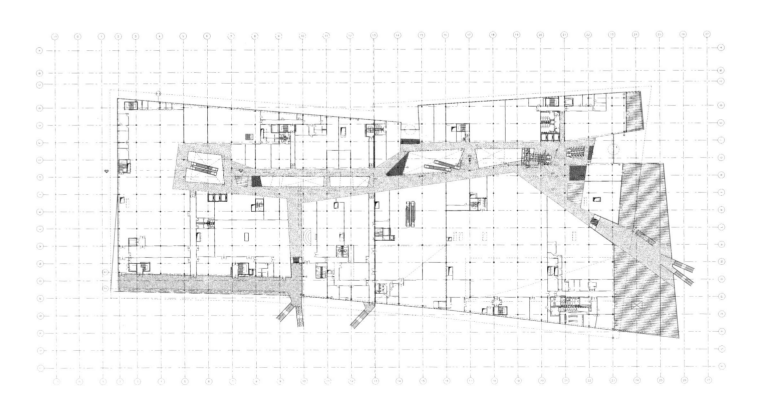

Upper level plan / *Planta nivel superior*

236

The building, which is 320 metres long by
140 metres wide, distributes its over thirty
shops around three large empty spaces.

*El edificio, de 320 metros de largo por 140
metros de ancho, distribuye sus más de treinta tiendas alrededor de tres grandes espacios vacios.*

The interior is organised around three different spaces. These spaces are interrupted locally to permit natural light to enter.

El interior se organiza alrededor de tres espacios distintos. Estos espacios quedan localmente interrumpidos para permitir la entrada de luz natural.